난생처음
**부동산
경매**

세상에서 가장 쉬운 왕초보 경매 입문서

난생처음 부동산 경매

서현관 지음

다른
상상

쉽고, 재미있고, 정확하다

　나는 평범한 직장인이다. 두 딸을 키우며 이 시대를 살아가는 월급쟁이 아빠다. 돈을 번다는 것은 결코 쉬운 일이 아니다. 당신이 월급쟁이라면 직장에서 꼬박꼬박 나오는 월급 이외에 다른 부분에서 단 한 푼이라도 수입을 올린 적이 있는가? 만 원을 쓰기는 쉬워도 단돈 천 원을 벌기는 힘든 세상이다.

　나는 부동산 경매를 책으로 만났다. 그 방대한 독서량과 끊임없는 고민이 단초가 되어 부동산 경매를 바라보는 새로운 시각과 용기가 생겼다. 그 후 간절히 바라던 멘토를 만나면서 입찰을 하게 되었고 수없이 반복된 패찰 끝에 결국엔 낙찰로 이어지는 기쁨을 맛볼 수 있었다. 결코 패찰에 주눅 들거나 실망하지 않았다. 현재 우리 가족은 부동산 경매로 낙찰받은 115㎡(35평)의 아파트에 살고 있다.

　부동산 경매 책을 기획하면서 제일 중요하게 생각한 책의 콘셉트는 나와 같은 월급쟁이들의 눈높이에 맞아야 한다는 것과 "아주 쉬워야 한다, 절대 지루하지 않고 재미있어야 한다, 정확하고 공신력 있는 정보를 전달해야 한다"였다. 부동산 경매는 절대 어렵지 않다. 누구나 도전할 수 있는 투자 분야이며 누구나 수익을 올릴 수 있는 구조라는 것을 말하고 싶었다. 부동산을 얼마나 많이 낙찰받았는지, 경력이 얼마나 화려한지 내세우기보다 평범한 직장인으로 살아가면서 학습을 통해 평범함이 비범함으로 재탄생할 수 있음을 말하고 싶었다. 부동산 경매에 꼭 한 번 도전해보고 싶다면 그리고 정말 쉬운 부동산 경매 가이드북을 찾고 있다면 바로 이 책이 여러분 인생의 돌파구가 될 것을 확신한다.

이 책은 결코 완벽하지 않다. 다만 경매 초보자들을 좀 더 쉽고 정확하게 경매의 세계에 입문할 수 있도록 최선을 다해 썼을 뿐이다. 경매에 관심은 가는데 낯설고 생소해 거리감을 느끼는 사람들을 위해 왕초보였던 내가 경매를 알아가는 과정을 오롯이 담으면서 소설처럼 술술 읽을 수 있도록 썼다. 풍부한 자료 사진도 수록해 이해를 돕고자 노력하였다. 하지만 많은 정보와 다양한 기술을 제시해도 단지 학습에 그친다면 아무런 효과가 없을 것이다. 아이에게 물고기를 주면 하루를 살지만 물고기 잡는 법을 알려주면 평생을 살 수 있다는 유대인의 지혜를 익히 들어 알 것이다. 이 책은 물고기를 잡을 수 있는 지혜를 제시했다.

사람들은 부동산 경매를 마치 대단한 투자를 하는 것처럼 여기며 엄청난 부를 거머쥘 수 있을 것이라 생각한다. 그래서 부동산 경매라고 하면 대박이라는 수식어를 붙이며 멋진 자동차와 고급스런 주택을 떠올리는 사람이 많다. 또한 집 안 여기저기에 빨간딱지를 붙이고 사람들을 억지로 끌어내는 비상식적인 방법이 TV 드라마나 영화에 자주 나오면서 부동산 경매에 부정적인 이미지를 덧칠했다. 한편으론 어렵고 복잡한 법률 지식과 대단한 기술이 있어야 부동산 경매를 할 수 있다며 일부 특정한 사람들만 하는 것으로 인식되어 있다.

시중에 나와 있는 경매 책을 보면 "나는 부동산 경매로 얼마를 벌었다" "나는 부동산 경매로 몇 채를 보유했다"는 식의 뜬구름 잡는 내용으로 독자들을 현혹한다. 사실 그 속내를 들여다보면 수익과는 상관없는 오직 낙찰의 성과에만 그치거나 대부분이 공염불인 경우가 허다하다. 하지만 그게 전부는 아니다. 부동산 경매로 묵묵히 재산을 늘려가는 숨은 실력자들도 분명 있다.

내 경매 인생도 비포장길 그 자체였다. 현장조사 리스트를 작성하여 여름휴가 1주일 내내 현장을 누볐으나 참여한 물건이 몽땅 패찰한 적도 있다. 믿고 기다려준 가족들에게 미안하고 허탈했다. 월급쟁이인 만큼 현장조사는 주로 주말을 이용하였으며 퇴근하는 늦은 밤에도 현장을 찾아간 적이 많았다. 입찰이나 명도 그리고 점유자를 응대하려면 연차를 사용해야만 했다.

이렇게 부동산 경매는 주식투자나 금융 관련 투자와는 달리 직장생활을 하는 사람에게 부담스런 부분이 있지만 얼마든지 가능하다. 특수한 일부 사람들만 할 수 있다는 인식부터 바꿔야 한다. 내 주변에도 직장생활을 병행하며 경매로 열심히 삶을 가꾸는 사람이 많다. 부동산 경매라는 수단을 통해 제2의 인생을 풍요롭게 가꾸어가는 사람들, 대박을 좇기보다 꾸준한 학습과 실전으로 내실 있게 나름의 인생을 가꾸어가는 사람들이다.

지금 행복하십니까?

OECD 회원국 중에서 우리나라의 행복지수는 거의 꼴찌에 가깝다. 하지만 평균 근로시간은 최상위다. 아이러니하게도 열심히 일은 하지만 행복하지 못한 삶을 살고 있다.

맞벌이를 하느라 어쩔 수 없이 아이를 유치원에 맡기고 오던 날이 생각난다. 난생처음 부모와 떨어지는 아이는 악다구니를 쓰며 울었다. 출근하는 차 안에서 아내는 소리 없이 눈물만 흘렸고 나도 하루 종일 일이 손에 잡히지 않았던 기억이 있다. 우리는 이렇게 아이러니한 삶을 살아가고 있다. 과연 우리가 행복하기 위해 돈을 벌고 있는 것일까? 이 책은 월급쟁이 아빠들과 은퇴를 앞둔 이 땅의 중년들에게 좀 더 나은 미래를 가져다줄 수 있는 희망의 책이 되기를 바라는 마음으로 집필했다.

부동산 경매는 절대 어려운 것이 아니다. 누구나 도전할 수 있으며 희망과 함께 수익을 창출할 수 있는 훌륭한 투자 방법이다. 돈이 많아야 부동산 경매를 할 수 있을까? 절대 그렇지 않다. 적은 금액으로 작은 물건부터 얼마든지 시작할 수 있다. 수없이 반복된 패찰 끝에 드디어 낙찰이라는 짜릿한 순간을 내 경험을 통해 이야기하고 싶었다. 물건 검색, 현장조사, 입찰 방법, 낙찰 이후 절차, 명도, 그리고 내 집으로의 입성까지 부동산 경매의 6단계를 나의 생생한 경험과 노하우, 그리고 사진 자료와 함께 설명했다. 경매 입문기와 권리분석에 관한 이야기도 쉽게 풀어 썼다.

또한 부동산 경매에 과도하게 부풀려진 무용담의 허와 실도 나름의 시각으로 풀어놓았다. 이 책은 부동산 경매를 이미 시작했거나 부동산 경매에 첫발을 내딛는 초보자들에게 도움이 되리라 확신한다.

"뜨거운 열정보다 중요한 것은 지속적인 열정이다."

페이스북 창업자 마크 주커버그가 한 이 말처럼 필요성을 느꼈다면 즉시 실행하기를 바란다. 그리고 쉼 없이 지속적으로 밀어붙이길 바란다. 필연은 우연을 가장해 우리에게 다가온다고 했다. 나의 경매 인생도 우연히 만난 한 권의 책에서 시작되었다. 여러분도 이 책의 마지막 페이지를 덮을 때 좀 더 나은 미래를 위해 새로운 결심을 할 수 있기를, 또 우연히 만난 이 책이 여러분에게 필연이 되기를 바란다.

아울러 출간에 많은 도움이 되어준 이상민 작가와 출판사 관계자 여러분 그리고 항상 믿고 지원을 아끼지 않는 아내 임창숙과 부모님에게 고마운 마음을 전한다.

2017년 7월
서현관

프롤로그

쉽고 재미있고 정확하다 4

1장
월급쟁이 아빠, 경매에 도전하다

나는 월급쟁이 14
니즈냐? 원츠냐? 20
운명처럼 경매에 빠져들다 26
인연을 만나 운명이 바뀌다 32
경매는 가슴 뛰는 삶이다 38

초보자를 위한 이야기 1
그들의 무용담은 진실일까? 43

2장
소설 읽듯이 경매를 배우다

0단계 알고 보면 가장 확실한 투자법 56
1단계 꼼꼼하게 물건 검색 64
2단계 정답은 언제나 현장에 있다 76
3단계 가슴 떨리는 입찰 98
4단계 드디어 낙찰이다 114
5단계 두려움 없이 명도 124
6단계 내 집을 마련하다 143

초보자를 위한 이야기 2
알고 가자! 공매 149

3장
이것만 알면
절반은 성공

경매의 필요조건, 권리분석 156
말소기준권리를 찾아라 167
등기부등본을 씹어 먹자 183
알면 요긴한 주택임대차보호법 197

초보자를 위한 이야기 3
경매의 목적은 수익이다! 204

4장
생생한
실전 에피소드

바람난 아내 그리고 체납 관리비 210
이 집 유리창 몽땅 깨버릴까? 223
기회는 위기의 탈을 쓰고 온다 235
그녀의 마스카라 241

에필로그
경매로 가슴 뛰는 삶을 산다 251

월급쟁이 아빠, 경매에 도전하다

나는 **월급쟁이다**

월급쟁이란?

사전적 의미로는 월급을 받는 사람을 낮잡아 이르는 말이다. 좀 더 세련되게 표현하면 직장인, 봉급생활자, 샐러리맨 정도가 아닐까 싶다. 하지만 나는 이 월급쟁이란 말이 좋다. 무엇보다 서민적이고 약간은 촌스럽지만 입에 붙는 느낌이 좋다.

샐러리맨salaried man은 왠지 정형화된 도회적 이미지가 강하게 느껴진다. 급여를 받고 일하는 사람을 총칭하는 말이며 소박함보다는 화이트칼라에 가까운 느낌이다. 원래 쟁이라 함은 그것이 나타내는 속성을 가장 많이 가진 사람을 의미한다. 그렇다면 월급쟁이는 월급이 나타내는 속성을 가장 많이 가진 사람 정도일까? 하지만 월급쟁이 뒤에 부자라는 수식어가 어색한 것은 그만큼 월급쟁이로는 부자가 되기 힘들다는 사실을 우리는 암묵적으로 알고 있기 때문이 아닐까. 깔끔한 실내 장식의 펍에서 수제맥주를 마시는 샐러리맨이나 연기 자욱한 선술집에서 곰장어를 구우며 소주를 마시는 월급쟁이나 그들은 모두 같은 시대를 살아가는 이 땅의 아빠들이며 아들이며 딸일 것이다.

　우리는 월급으로 보금자리를 마련하고 자식들의 교육을 책임졌으며 부모를 봉양하고 그렇게 월급으로 어김없이 쟁이의 기질을 발휘하며 살아왔다. 월급은 곧 우리의 이름값이기도 했으며 반듯한 나의 얼굴이기도 했다. 하지만 세상이 많이 달라졌다. 월급날이면 아빠가 사오던 통닭을 기다리던 시절은 이젠 드라마에서나 볼 수 있을 것이다.

아플 수도 없는 중년이다

　나는 평범한 회사원이자 두 딸의 아빠이며 남들과 다를 것 없는 인생을 살아가는 40대 중반의 월급쟁이다. 평범하다는 것은 딱히 내세울 만한 게 없다는 말과 일맥상통하는 것 같아 조금은 씁쓸하지만 그래도 요즘 같은 시대에 평범하게라도 사는 것이 어찌 보면 잘 살아온 것인지도 모를 일이다. 가정을 꾸리고 반듯하게 두 딸아이를 키우고 있으니 말이다. 나는 유년 시절 장사를 하는 부모 밑에서 부자는 아니더라도 큰 어려움 없이 자라왔다. 하지만 부모님은 나에게 월급쟁이를 해야 한다고 입버릇처럼 말씀하셨다. 그렇게 나는 정해진 나이에 학교를 다니고 국방의 의무를 다하고 회사생활을 시작했으며 적당한 나이에 결혼을 하고 아이를 낳아 기르는 대한민국의 평범한 40대 가장이 되었다. 정해진 수순에 한 치의 어긋남 없이 정확하게 보통사람의 매뉴얼대로 살아온 세월이었다.

중년은 허리다. 부모를 부양하고 자식들을 양육하는 말 그대로 '낀세대'이다. 대한민국 경제의 주축이며 회사에서 위도 아래도 아닌 중간자 위치에 있는 경우가 대부분이다. 이렇게 이도 저도 아닌 중년은 딱 중간에 끼어 있는 낀세대가 맞다. 중년의 삶은 자신의 위치를 찾으며 여유를 갖기엔 너무 가혹하다. 더욱 힘 빠지는 것은 지쳐서 위로받고 싶은 사람은 정작 나인데 오히려 주변 사람들을 챙겨줘야 한다. 몸이 불편하신 부모님, 학업에 시달리는 아이들, 맞벌이하는 배우자, 업무에 힘들어 하는 부하직원, 가정이건 회사건 온전히 내가 기대 쉴 만한 곳이 없다.

우리는 스스로 알아서 충전해야 하고 방전되지 않으려 발버둥 치며 하루하루 치열하게 살아가고 있다. 자녀의 교육비가 최고조에 달할 시기이며 이후 찾아올 자녀의 결혼과 각종 경조사를 생각하면 우리는 초고속열차처럼 그저 앞만 보고 무조건 내달려야 한다. 유일하게 기댈 수 있는 배우자의 자리도 이제는 온전하다 할 수 없다. 2010년 이후 꾸준히 증가한 중년이혼은 신혼이혼의 비율을 앞지른 지 오래다.

사전적 의미의 중년은 마흔 전후일 테지만 이미 30대 중후반부터 중년증후군에 시달린다. 사는 게 재미없고 마땅히 마음 둘 곳도 없는 상실감이 찾아오는 시기다. 매일 반복되는 똑같은 일상에서 느끼는 권태로움을 중년은 하루하루 버텨낸다.

🏠 입사 – 퇴사 – 치킨집

"에이, 진짜. 더러워서 못 해먹겠네, 확 때려치우고 치킨집이나 할까?"

홧김에 이런 말 한 번쯤 안 해본 직장인이 있을까? 물론 홧김에 나온 말이지만 왜 하필이면 치킨집일까? 미용실이나 횟집, 세탁소나 커피전문점처럼 확실한 기술이나 노하우가 그리 필요하지 않기 때문일 것이다. 대단위 프랜차이즈 유통망이 형성되어 있으므로 누구든 일정 기간 교육을 통해 창업이 가능하다. 물론 점포마다 자기만의 비법을 가진 점주들도 있지만 그래도 치킨집처럼 쉽게 접근할 수 있는 업종은 흔치 않다.

그렇다면 과연 대한민국의 치킨집 수는 얼마나 될까? 놀랍게도 전 세계 맥도날드 매장 수 3만 5,000곳을 뛰어넘어 3만 6,000곳에 이른다. 이 작은 나라에서 정말 놀랄 만한 수치다.

"입사-퇴사-치킨집, 기-승-전-닭!" 결국엔 치킨집이라는 말이 괜한 우스갯소리는 아닌 듯하다.

한 집 건너 한 집이 치킨집이라는 말이 나올 정도로 요즘 치킨집은 치열한 생존경쟁을 벌이고 있다. 현재 우리 사회 자영업의 실태를 그대로 보여준다. 서울시 기준 업종별 폐업률을 보면 치킨집의 생존율이 얼마나 단명인지를 알 수 있다. 은퇴 이후의 삶을 보장할 수 없다는 얘기다.

그동안 자기 분야에서 갈고 닦은 기술이 은퇴와 동시에 고스란히 묻혀버리고 주방 한 번 들어가본 적 없는 사람이 앞치마를 두르고 닭을 튀겨야 하는 현실이 안타깝기만 하다.

이렇게 치킨집으로 대변되는 은퇴 이후 우리의 삶은 과연 괜찮은 건가? 중장년층이 그래도 믿는 구석은 평생직장이라는 든든한 울타리였다. 하지만 장기근속이라는 명예는 사라지고 조기퇴직이 우리의 노후를 위협한다. 자식의 공부가 마무리 안 된 상황이라면 더욱 문제는 심각해진다. 지속적인 수익 구조를 만들지 못하고 무엇 하나라도 똑 부러지게 해두지 못한 것을 뒤늦게 후회하며 자신을 책망하게 된다. 퇴직 혹은 은퇴 이후 짧게는 20년, 길게는 30년 정도의 노후가 기다린다. 월 평균 200만 원 정도의 생활비를 사용한다고 보면 4억에서 7억 사이의 돈이 들어간다. 과연 그만한 돈을 통장에 입금해놓고 노후를 맞이하는 사람이 얼마나 될까? 안타까운 마음에 로또를 구입하지만 845만분의 1의 주인공이 될 수 있는 행운은 항상 남의 것이다. 대한민국 경제발전의 중심축이었던 베이비붐 세대가 퇴장을 했다. 우리는 그들의 삶을 반면교사 삼아 다가올 나의 은퇴에 대해 진지하게 생각해야 할 것이다. 언제까지 치킨집으로 내몰리는 시류에 휩쓸릴 것인가? 좀 더 참신하고 안정적인 노후를 만들기 위한 준비가 필요하다.

니즈냐? 원츠냐?

우리는 과연 무엇을 필요로 하고 무엇을 간절히 원하는가? 살아가면서 무언가를 얻기 위해서는 단순히 필요보다 구체적인 간절함이 있어야 더 값진 결과로 이어진다.

빌 게이츠도 어떤 일에 대한 구체적 목표를 세웠다면 이미 그 일에 대한 성공을 반은 이룬 것이나 마찬가지라고 말했다. 들어가는 노력이나 시간, 꾸준히 견디고 해낼 수 있는 지구력은 일단 차치하더라도 목표를 구체적으로 그려놓음으로써 더 명확하게 다가설 수 있다.

크게 본다면 니즈Needs와 원츠Wants는 모두 욕구라는 공통점을 가지고 있다. 필요로 하든 간절히 원하든 그것을 가지려는 가장 근본적인 욕구에 대한 의지이다. 하지만 니즈와 원츠의 뚜렷한 차이는 얼마만큼 구체적이냐에 있다. 예컨대 배가 고파 무얼 좀 먹어야겠다면 단순히 필요에 기인한 것이므로 라면을 먹든 고기를 먹든 배만 채우면 그뿐이다. 하지만 나는 배가 고프므로 고기를 2인분 먹고 후식으로 냉면을 먹을 것이다, 라고 한다면 단순히 배만 채운다기보단 내가 원하는 것을 먹겠다는 강한 의지가 담겨 있다. 이렇게 원하는 것이 있으면 좀 더 구체적으로 생각해야 한다. 막연히 은퇴하면 좀 편하게 살고 싶다, 라고 생각하면 진짜로 편하게 살 수 있을까? 은퇴 이후에도 우리의 인생을 풍요롭게 살고 싶다는 것은 니즈이다. 은퇴 이후의 우리 삶에 대한 진지한 고찰 없이 단순히 풍요로운 인생이 필요할 뿐이다. 하지만 우리의 인생을 조금 더 풍요롭게 살기 위해 나는 부동산 경매 공부를 한다고 하면 원츠인 것이다. 풍요로운 인생보다도 은퇴 이후를 대비한 방법을 제시하며 강력하게 원하기 때문이다. 꼭 부동산 경매가 아니어도 좋다. 원하는 바가 있다면 무엇이든 간절하고 구체적이어야 한다. 주린 배를 채우기 위해 아무것이나 먹을 것인가? 판단은 당신의 몫이다.

🏠 성공을 꿈꾼다면 구체적으로 원하라

세상에 성공하고 싶지 않은 사람이 있을까? 누구나 성공을 꿈꾸고 경제적 자유를 누리며 은퇴 이후에도 여유로운 삶을 원한다. 하지만 대부분의 사람들이 생각에만 그칠 뿐 결코 실행에 옮기지 못한다. 가장 큰 이유는 과연 이런 간절함이 나를 성공의 길로 인도할까라는 의구심과 타성에 젖어버린 지금의 생활에서 벗어나는 두려움에서다. 주말이면 소파와 한 몸이 되어서 TV 채널만 돌리지 말고 도서관에 가서 책이라도 읽기를 권한다. 그것도 싫으면 차라리 가벼운 산책이라도 하라. 그 편이 종일 소파와 함께 뒹구는 것보단 훨씬 나을 것이다. 퇴근 이후 동료나 친구들과 함께하는 술자리는 정말 달콤하다. 하지만 인생은 달콤함만을 좇을 수는 없다. 그 시간 나의 경쟁자는 조금 더 나은 인생을 살기 위해 노력할 것이다. 늦은 밤까지 학습에 몰두할 것이며 열심히 자기의 원츠를 달성하기 위해 쉼 없이 달리고 있을 것이다. 실천하지 못하는 대부분의 유형은 그저 성공하고 싶다는 니즈만 갖고 있을 뿐이지 딱히 무얼 해야 할지 모를뿐더러 내 자신을 통제하지 못한다. 다이어트 계획도, 영어공부 계획도, 일단은 자기 자신과 너무나 쉽게 타협해버린다. 무얼 하든 "내일부터 해야지"가 되어버린다.

'죽을 때 가장 후회하는 다섯 가지'라는 블로그에서 시작된 『내가 원하는 삶을 살았더라면』이라는 책이 있다. 수년간 오스트레일리아 호스피스병동에서 죽어가는 영혼들을 보살폈던 간호사 브로니 웨어가 자신의 경험을 바탕으로 블로그에 올렸던 글들을 모아 펴낸 책이다. 이 책에서 작가가 이야기한 죽을 때 후회하는 다섯 가지를 요약

해보면 이렇다.

첫 번째 - 내 뜻대로 살 걸
두 번째 - 일 좀 덜 하고 살 걸
세 번째 - 내 감정에 솔직할 걸
네 번째 - 친구들 챙기며 살 걸
다섯 번째 - 도전하며 살 걸

어차피 인생은 당신의 것이고 선택도 당신의 몫이다. 나는 이 다섯 가지를 보는 순간 "거봐, 일 많이 하고 산 걸 후회하잖아"라는 생각이 가장 먼저 들었다. 일을 하지 말라는 얘기가 아니다. 직장인들이여 가끔은 딴짓도 하라는 얘기다. 예전에는 8시간을 근무하면 잠자는 시간을 빼더라도 8~9시간 정도 내 시간이 주어졌다. 하지만 요즘같이 인터넷과 스마트폰이 발달한 시대에 내가 확보할 수 있는 절대적 시간이란 사실상 없다. 어찌 보면 24시간이 근무시간이라고 해도 과언이 아닐 정도로 바쁜 나날을 살아간다. 현재 글을 쓰고 있는 이 시간에도 내 스마트폰은 잠시도 쉬지 않는다. SNS와 몇몇 단체 대화방 등에서 쉼 없이 메시지가 업데이트되고 있다. 하지만 우리는 딴짓을 해야 한다. 자는 시간을 빼고 80%는 직장에 할애한다고 해도 나머지 20% 정도는 우리의 원츠를 채우기에 충분한 시간이다.

예전에 모 방송에서 〈수상한 의사의 이중생활〉이라는 프로그램을 우연히 본 적 있다. 낮엔 의사이지만 밤엔 일식집 주방장으로 낮과 밤이 다른 이중생활을 하는 의사 조희칙 씨의 이야기였다. 재일교포 3세인 그는 낮 시간에는 평범한 가정의학과 전문의로서 환자를 돌본다. 그리고 밤이 되면 그가 직접 운영하는 일식집으로 출근한다. 수입이 많지는 않지만 정통 오사카요리와 일본의 식문화를 알리고 싶다고 했다. 워낙 깐깐한 원칙과 철저한 위생관리 때문에 버티지 못하고 나간 주방보조가 여럿이라고 했다. 이런 와중에도 의료의 손길이 미치지 못하는 곳에 찾아가 의료봉사를 한다. 그는 60세가 되면 오사카에서 김치찌개, 된장찌개, 곱창전골 등 가정요리로 한국의 맛을 알리는 일을 하고 싶다고 한다. 환자건 손님이건 내 부모처럼 마음으로 해드려야 한다는 그의 마지막 인터뷰가 인상적이었다.

나도 이런 사람이 되고 싶었다. 그는 자신의 원츠를 이루기 위해 기꺼이 이중생활을 하며 보람을 느끼고 있었다. 나는 직장인들에게 은밀한 딴짓을 권한다. 크고 눈에 띄는 가시적 성과에 연연할 필요 없다. 꾸준히 할 수 있는 작은 것에 집중해야 한다. 이제부터라도 도전하라. 무엇이 되었건 분명 돌파구는 있다.

하루 중 20%의 시간만이라도 오롯이 나를 위해 투자해보라. 최소한 죽기 전에 후회는 하지 말아야 하지 않겠는가?

『3650일, 하드코어 세계일주』의 고은초 작가가 2013년 9월 오마이

뉴스와 인터뷰한 내용이다.

 "'내 꿈이 세계일주다', '은퇴 후에 세계일주 떠나겠다' 하는 말을 저는 별로 신뢰하지 않아요. 그건 그냥 꿈속의 얘기일 뿐이에요. 사실 별로 하고 싶은 생각도 없는 것이죠. 그저 당장 실현할 생각이 없는 마음 한구석의 로망일 뿐입니다. 키 크고 멋지고 잘생긴 사람과 결혼하고 싶다는 얘기와 크게 다르지 않은 거예요. 만약에 세계일주가 당장 내 삶에서 정말 중요하다면 지금 해야죠. 준비하고 알아보고요. 은퇴 후에 세계일주? 아마 은퇴하고 나서도 하지 못할 걸요."

 세계일주는 아니더라도 우리의 원츠를 이루기 위해 목표를 구체적으로 세우기 바란다. 그리고 쉼 없이 밀고 나가길 바란다. 당장 내가 할 수 있는 작은 것에 집중하여 하나씩 성과를 만들어내는 것도 좋은 방법이다. 언제까지 필요에 의해 움직이는 인생을 살 것인가? 어차피 내 인생이고 선택도 내가 해야 한다면 더 망설일 이유가 없다. 이제는 '니즈'가 아니라 '원츠'로 움직이는 삶을 살아야 한다.

운명처럼 경매에 빠져들다

그 시절 나는 생각이 많았다. 마흔을 갓 넘겼음에도 나이에서 오는 무게감이 사뭇 30대의 그것과는 달랐다. 하는 일에 대한 회의도 들었고 좀 더 나은 내일에 대한 갈망도 컸다. 하지만 현실은 암담했다. 잘 다니던 회사가 자회사로 전환되면서 법적 투쟁으로 가야 할지 자회사 이관에 동의하고 도장을 찍어야 할지 기로에 서서 기나긴 고민의 시간을 보내야 했다. 암울한 시기였다. 무엇보다 아이와 아내를 생각하면 가슴이 먹먹해졌다. 이렇게 어중간한 나이에 다시 사회로 튕겨져 나오면 무얼 해먹고 살 수 있을까?

매일 술로 살았다. 끊었던 담배도 다시 피웠다. 아직 한창 나이에 조직에서 떨어져 나간다는 것은 생각조차 할 수 없었다. 남편으로서, 아빠로서 무게감을 가장 크게 느끼던 시기였다.

이렇게 몇 번의 크고 작은 풍파를 경험하다 보니 항상 마음이 초조하고 조급해졌다. 아이는 점점 크고 나이는 들어가고, 뭔가 새로운 돌파구가 필요했다. 하지만 세상은 그렇게 만만하지 않았다. 왜 그동안 아무 준비 없이 태평하게 살았을까? 위기에 대처할 능력이 이토록 없단 말인가?

회사 업무 이외에 다른 무언가를 할 줄 아는 게 없는 내 자신에게 화도 나고 한심하기도 했다. 영혼 없는 출근과 퇴근의 반복이었다. 그동안 직장인으로 평범하게 살아온 나의 인생이 오히려 나를 옥죄는 느낌이었다. 평범하게 산다는 것은 풍족하진 않아도 소소한 행복을 누릴 수 있다고 생각했는데 고민과 스트레스, 고용불안, 팍팍한 경제 현실 등 '평범'이란 단어의 결말은 그리 유쾌하지 않다는 것을 깨달았다.

나는 회사에서 업무 이외에 문화발전위원을 맡고 있었다. 본사에는 문화발전위원장과 몇 명의 문화발전위원들이 있었지만 지방은 문화발전위원을 한 명씩만 두고 있었다. 대전 문화발전위원으로서 회의나 행사가 있을 때면 가끔씩 본사를 가거나 세미나에 참석하기도 했다.

2010년 봄, 문화발전위원회 회의 차 출장을 다녀오는 길이었다. 돌아오는 고속버스에는 나를 포함해 5명 정도의 승객뿐이었다. 한가한 봄날 달리는 창밖만 지루하게 바라보는데 문득 스포츠신문 한 부가 눈에 들어왔다. 지루하던 차여서 반가운 마음으로 기사부터 광고까지 빠짐없이 읽었다. 그때 광고란에 실린 부동산 경매 관련 서적이 눈길을 끌었다. 그 책이 바로 안정일이 쓴 『생생 경매 성공기』였다. 경매가 뭔지도 몰랐고, 관심도 없던 나였지만 부제에 "3000만 원으로 22채 만든"이란 문구가 선명하게 눈에 들어왔다. 갑자기 가슴이 쿵쾅거렸다. 당연히 말도 안 된다고 생각했다. 책 한 권 더 팔아보려는 미사여구겠지 했다. 하지만 어느새 그 광고는 찢긴 채 내 다이어리 속에 들어가 있었다. 그렇게 나의 경매는 시작되었다. 그때는 몰랐다. 이 책 한 권이 내 인생의 판도를 얼마나 바꿔놓을지를. 우연을 가장해 다가오는 운명처럼 "부동산 경매"라는 다섯 글자를 만났다.

🏠 희망의 씨앗이 된 책 한 권

『생생 경매 성공기』를 필두로 정말 많은 경매 책을 읽고 또 읽었다. 우선 도서관에 있는 책들을 몽땅 읽었다. 도서관에 없는 책들은 직접 구매해서 읽었다. 경매 책에 푹 빠져 마음껏 즐기던 시간이었다. 신세계를 발견한 듯했다. 공부라는 생각이 전혀 들지 않았다.

재미있었다. 누가 읽으라고 등 떠민 것도 아닌데 정말 미친 듯이 읽었다. 너무 재미있었다. '왜 이제야 부동산 경매를 알게 되었을까?' 하고 후회스러울 정도로 책을 잡고 있는 시간이 행복했다.

채무자, 채권자, 낙찰자 등 경매 관련 용어에는 인생이 모두 녹아 있는 것 같았다. 특히 명도에 관한 이야기는 너무 흥미진진해 반복해서 몇 번씩이나 읽었다. 이렇게 책을 통해 차츰 차츰 경매의 맛을 알아가고 있었다. 우연히 보게 된 신문 광고가 나에게 운명으로 다가온 셈이다.

"우연처럼 보여도 우연이 아니다. 그것은 당신이 손수 엮은 패턴들이 움직인 결과이다."

성공학의 거장, 클로드 브리스톨의 이 말처럼 내가 손수 엮은 패턴들이 움직인 결과일까? 나는 생각했다. 그러면 그 패턴들이란 지난날 수없이 많은 고민과 생각의 조각들이 모인 결정체가 아닐까? 결국엔 그런 마음가짐이 단순한 책 광고에서 무언가 희망을 본 것일까? 인생의 돌파구를 찾으려는 간절함이 그 광고를 범상치 않게 보이게 했나보다. 생각이 이쯤에 미치자 실전에 대한 욕구가 강력히 일어났다. 책에서만 읽었던 경매의 실상을 직접 경험해보고 싶었다. 하지만 두려움이 앞섰다. 단순히 책 몇 권 읽었다고 할 수 있는 것이 아니었다. 돈도 돈이었지만 당장 의욕만 앞섰지 무엇을 어디서 어떻게 시작해야 할지 경매 절차에 대해 전혀 아는 바가 없었다. 마땅히 물어볼 사람도 없어 막막한 심정이었다.

부동산 경매는 계속 나의 뇌리에 남아 맴돌고 있었다. 입찰을 너무나 해보고 싶었다. 무엇보다 그동안 답답했던 나의 일상에 무언가 속

시원한 돌파구가 되어줄 것만 같았다. 하지만 하염없이 시간만 흘러갔다. 오직 학습만이 부동산 경매에 다가설 수 있는 유일한 길이란 것을 알았지만 방법을 몰랐다. 책에는 현장의 중요성을 강조하고 있었지만 어떤 물건이 경매에 나온 물건인지조차 모르면서 어떻게 현장조사를 할 수 있을까? 하물며 현장에 가본들 무얼 할 수 있을까? 무엇부터 어디서부터 학습을 해야 할지 관련 법규를 통째로 공부해야 할지 아니면 공인중개사 자격을 먼저 따야 할지 도무지 감이 잡히지 않았다. 일단 공인중개사 시험을 준비해보자 생각하고 공부를 시작했다. 비록 낙방의 고배를 마셨지만 생각해보면 그때 공부한 내용이 부동산 경매를 하는 데 많은 도움이 되었다. 그리고 전반적으로 부동산이 무엇인지에 대한 개념도 잡을 수 있었다. 세상에 허투루 하는 공부는 없나보다. 이렇게 또 한 가지 사실을 깨달았다. 노력의 임계점에 다다르지 못해 만족스러운 결과를 내지는 못했지만 그래도 그 부스러기들은 남아 살아가는 데 엄청난 도움이 되었다.

나의 부동산 경매와의 첫 만남은 그렇게 우연을 가장한 운명처럼 다가왔다. 그날 내가 그 버스를 타지 않았다면, 그 신문을 보지 않았다면 나는 지금 어떤 인생을 살고 있을까?

한 가지 분명한 사실은 앞의 전제조건이 선행되었어도 간절함이 없었다면 과연 부동산 경매 책 광고가 눈에 들어왔을까? 경매 관련 책들을 읽으면서 실전에 뛰어들기 위해 발버둥 쳤을까? 만족하는 순간

인생은 거기까지라고 했다. 나는 우연이든 필연이든 내게 찾아온 희망의 끈을 놓치지 않기 위해 정말 오랜 시간 열심히 노력했다.

인연을 만나 **운명이 바뀌다**

경매 관련 책을 읽다 보면 다소 애매하거나 아니면 전혀 이해할 수 없는 문장을 만날 때가 있다. 특히 초보 시절 나는 아무런 사전 지식이 없어 어렵고 딱딱한 법률용어나 복잡한 권리관계의 해석은 그냥 넘겨버리고 그저 무협지마냥 흥미진진한 이야기를 읽듯 책을 읽었다. 무식하면 용감하다고 했던가? 정말 무식하게 마구마구 읽기만 했지 도통 무슨 말인지 모르는 부분도 허다했다. 하지만 분명히 명심해야 할 것은 경매는 충분히 발품을 팔아 현장조사를 철저히 해야 하는 물리적 스태미나도 필요하지만 결국엔 머리를 써서 투자를 해야 하는 철저한 두뇌게임이기도 하다. 결코 관련 서적 몇 권 읽었다고 투자를 했다가는 큰 낭패를 당하고 만다. 또한 책은 단기간에 집중적으로 읽어야 한다. 결코 한 번만 읽고 넘어가서는 안 된다. 밑줄을 치고 포스트잇을 붙여가며 중요부분은 몇 번이고 반복해서 읽고 또 읽어야 한다. 그리고 항상 의심해야 한다. 모르는 것이 있으면 누구에게 물어서라도 꼭 알고 넘어가야 한다. 즉 철저하게 내 것으로 만들고 넘어가야 한다는 말이다. 그러고도 시간이 지나 의심나는 부분이 생기면 다시 살펴보아야 한다. 부동산 관련 법규나 규제는 언제든지 새롭게 개정될 수 있다는 사실을 염두에 둔다. 하지만 이렇게 학습을 해도 작게는 수백만 원에서 많게는 수천 수억 원의 입찰보증금을 들여 입찰하기란 쉽지 않다.

사람이 한평생을 살면서 사용하는 소비재 가운데 주택 구입은 가장 고가의 품목이 아닐까 싶다. 한 사람이 그동안 모아온 전 재산인 경우도 많다. 고가이니만큼 신중하고 진지해야 한다. 수익에 눈이 멀어 얕은 지식으로 함부로 덤볐다가 숨어 있는 복병을 만나는 낭패를 겪기도 한다. 내 돈을 투자해 입찰하기에 앞서 충분한 학습과 현장을 볼 줄 아는 혜안을 지녀야 한다. 무엇보다 다양한 경험을 한 멘토들이 곁에 있으면 큰 힘이 된다. 실제로 내가 첫 낙찰에 성공했을 때 비록 나보다 연배가 어린 멘토들이었지만 식사를 대접하며 정중하게 고마움을 표시했다.

그들은 아무것도 한 것이 없다고 손사래를 쳤지만 첫 입찰하는 사람이 막힐 때마다 바로바로 전화해서 자문을 구할 수 있는 멘토가 있다는 게 얼마나 큰 힘이 되는지를 반드시 알아야 한다.

🏠 멘토를 만나다

　진정으로 알고 싶었다. 좀 더 깊이, 좀 더 많이 그냥 재미삼아 읽는 책이 아니라 이젠 실전에 적용해보고 싶은 욕망이 꿈틀대기 시작했다. 골방에 틀어박혀 책만 읽기보다는 많은 사람들과 대화도 나누고 내 지식의 한계도 알아보고 무엇보다 그들로부터 배움이 간절했다. 책상머리를 벗어나 현장으로 달려가고 싶었다. 사람이 그리웠다. 그래서 사람을 만날 수 있는 제일 좋은 방법을 생각했다. 우선 인터넷 카페에 가입했다. 같은 생각을 가진 사람들이 같은 공간에서 서로의 의견을 나눈다는 게 신기하기도 하고 너무 재미있었다. 책을 읽을 때보다 훨씬 더 생동감 넘치고 나와 같은 초보 입장에서는 즉각적인 피드백을 받을 수 있다는 점이 무엇보다 즐거웠다. 예컨대 오늘 경매 법정에 처음 가본 사람 이야기, 입찰에 참여했는데 아쉽게 2등으로 떨어진 이야기, 문제 많은 물건을 아무것도 모르는 초짜가 덥석 낙찰받은 이야기, 무엇보다 낙찰받은 물건 진행 상황 이야기, 점유자와 협상이 힘들어 자문을 구하는 이야기 등 책을 읽을 때보다 더 생생해서 실시간 중계를 보는 듯했다. 매 시간마다 업데이트되는 진행 상황과 새로운 정보는 책과는 비교할 수 없을 정도였다. 물론 모든 것이 피가 되고 살이 되는 정보는 아니지만 그런 것들은 그냥 흘려보내면 그만이었다. 나는 매일 경매 관련 카페 이곳저곳을 돌아다니며 참으로 많은 이야기를 접할 수 있었다. 실전보다 부풀려진 무용담과 이른바 고수라 불리는 이들이 내놓은 주옥같은 상황 해석들은 참 꼼꼼히도 많이 읽었다. 하지만 그 생활도 그리 오래가지는 못했다. 정작 궁금한 부분에 대한 갈증이 속 시원히 해소되지 않았기 때문이다.

그즈음 경매학원을 알아보기 시작했다. 하지만 제법 소문난 학원은 모두 서울에 있었고 내가 사는 대전에는 딱히 갈 만한 곳이 없었다. 비용도 만만치 않았다. 내가 이걸 배운다고 해도 딱히 경매를 할지 안 할지 판단이 명확히 서지도 않은 상황에서 거금을 들여 공부한다는 게 조금 망설여졌다. 어찌 해야 할지 몰라 답답했다. 이때까지만 해도 과연 내가 경매를 할 수 있을까? 끝없이 스스로에게 질문을 거듭했다.

정말 이쪽 분야에 정통한 사람, 내가 궁금한 부분을 바로바로 물어보고 답을 구할 수 있는 사람, 그런 사람을 만나고 싶었다. 혹시나 하는 기대감을 가지고 무작정 경매가 있는 날 경매 법정을 찾아간 적도 있었다. 하지만 두려움 반, 어색함 반으로 밖에서만 빙빙 돌다 그냥 돌아오곤 했다. 스스로가 참 한심하게 느껴졌다.

망망대해에 떠 있는데 과연 어느 방향으로 노를 저어가는 게 맞는 건지 잘 가고 있는 건지 누구든 나에게 나침반 같은 역할을 해줄 사람이 간절히 필요했다. 절대 멘토의 조언 없이 전 재산이나 다름없는 돈을 어설프게 투자할 수는 없는 일이었다. 사람이 사람을 만나는 게 이렇게 힘든 일일 줄이야. 아쉬움 속에 그렇게 세월만 흘러갔다. 그리고 경매에 대한 갈증도 서서히 메말라갔다. 나는 또다시 일상으로 돌아와 종전과 다름없는 출근과 퇴근을 반복하며 별다를 것 없는 평범한 일상을 보내고 있었다. 아마 그때쯤이었을 것이다. 운명적인 만남이 기다리고 있었으니 마치 행운의 여신이 나를 보고 미소 짓는 것 같았다.

사실 그동안 카페 활동을 하면서 가장 아쉬운 점이 질문에 대한 직접적인 피드백을 바로바로 얻을 수 없다는 것과 온라인이 아닌 오프라인상에서 직접 사람을 만나 이야기하기 어렵다는 것이었다. 그도 그럴 만한 것이 내가 가입한 카페의 대부분은 우리 지역이 아니었으므로 소위 그들이 '번개' 내지는 '정모'를 하더라도 나는 참석할 수 없는 상황이었다. 뒤풀이 모습이 담긴 사진과 함께 모임 후일담이 올라오는 게시물을 보고 있노라면 그들이 부러웠다.

그러던 중 대전 지역을 중심으로 활동하는 카페 '부동산 경매 공부방'을 발견했다. 신생 카페이니만큼 회원 수도 적었고 게시판 글도 초라했다. 하지만 나에겐 사막을 걷다 만난 오아시스 그 자체였다.

과연 어떤 사람들일까? 몹시 궁금했다. 그렇게 처음 멘토들과의 만남이 이루어졌다. 현업으로 중개업을 하는 사람, 공기업이나 교육계에 종사하는 사람, 그리고 대부분은 직장인이었다. 나만 몰랐던 부동산 경매의 저변이 이렇게까지 확대되어 있는 줄은 미처 몰랐다. 각자의 생업에 종사하면서도 이렇게 열심히 공부하는 사람들이 있다는 게 반갑기도 하고 놀랍기도 했다. 무엇보다 놀란 것은 오프라인에서 만나 공부하는 회원들 중에서 내가 가장 나이가 많았다. 막연히 부동산 경매를 한다면 제법 나이도 있고 자금 여유도 있는 사람들일 거라고 생각했는데 내가 만난 멘토들은 나름의 스타일이 분명한 스마트한 사람들이었다. 물론 오프라인 활동을 하지 않으며 소위 '눈팅'만 하는 회원까지 합치면 나보다 나이 많은 사람들도 있었겠지만 일단 오프라인상에서 만나 의견을 주고받고 소주잔을 기울이는 멤버들 중에서는 내가 가장 연장자였다. 물론 지금은 형들도 몇 분 함께 활동하고 있다. 그 시절 나는 그들을 통해 부동산 경매 이외에도 정말 다양한 형태의 삶을 들여다볼 수 있었다.

지금 생각해보면 부동산 경매 기술보다 내 삶을 좀 더 진지하게 살아갈 충분한 자양분을 얻을 수 있는 시간들이었다. 그들을 만난 후 나의 부동산 경매는 마침내 본격 궤도에 올랐다. 혈혈단신으로 조조의 포위망을 뚫고 나온 조자룡이 그를 기다리며 장판교에서 버티고 있는 장비를 보았을 때 얼마나 든든하고 고마웠을까? 나 또한 나와 함께하는 멘토들이 정말 든든하고 고맙다. 아무리 확실한 물건이라도 혼자만의 생각보다는 여러 사람의 생각이 합쳐지면 분명히 다양한 의견이 나오기 마련이다. 혼자 빛나는 별은 없다고 했던가? 좋은 인맥을 넘어서 위대한 인맥으로 사람은 사람을 만나야 비로소 인생이 바뀐다.

경매는 가슴 뛰는 삶이다

"이게 얼마나 힘든 일인지 사람들에게 알린다. 아무나 도전할 수 없으며 너무나 힘든 일이므로 실패할 확률도 그만큼 높다고 말한다."

무슨 이야기일까? 흔히 새로운 도전을 앞둔 이들이 주변 사람들에게 가장 먼저 하는 말이라고 한다. 일종의 방어본능이라고나 할까? 실패를 염두에 두고 미리 깔아놓는 포석인 것이다. "거봐, 이거 내거 진짜 힘들다고 했잖아." 대의명분을 찾는 것도 같은 이유에서다. 1월에 결심한 금연, 다이어트, 영어공부 등은 당당한 명분과 함께 "거봐, 내가 힘들다고 했잖아"가 되어버린다. 그렇게 또 일상으로 돌아와 담배를 피워 물고, 야식을 즐기고, 굳은 결심으로 구입했던 영어 교재는 영원히 책장에 꽂히게 된다. 안타깝지만 결국 또 제자리다.

대부분 자신이 생활하는 영역 안에서만 안주하려 한다. 그게 편하고 익숙하고 안락하기 때문이다. 매일 출근하는 길, 매일 만나는 사람들, 매일 나누는 비슷한 대화들, 하물며 집에서 갈아입는 옷, 내 책상의 물건들, 검색하는 사이트, 잠드는 시간, 마시는 커피, 자주 가는 식당 등등 온통 익숙한 것들에 둘러싸여 있다. 하루가 오롯이 익숙함 속에서 이루어진다. 매달이 비슷하고 매년이 비슷하다.

큰 변화 없이 안정적인 삶을 살아가는 것 같지만 우리가 간파하지 못하는 게 있다. 그렇게 익숙한 것들 속에서 우리는 점점 노쇠해지고 유한한 그것들과 언젠가는 헤어져야 한다는 사실이다. 60이 되었을 때 매일 다니던 출근길이나 매일 만나던 사람들 그리고 그들과 나누던 비슷한 대화들은 어디론가 사라지고 없을 것이다. 모든 것은 변하게 마련이다. 내가 변하지 않더라도 시간은 우리를 가만히 두지 않는다. 어차피 변해야 한다.

퇴직은 인생에 있어서 가장 큰 변화를 가져다준다. 하물며 준비 안 된 퇴직은 더욱 그렇다. 변화를 두려워해서는 절대 발전할 수 없다. 가슴 뛰고 설레는 뭔가를 찾으면 더할 나위 없겠지만 그렇지 않더라도 의식적으로 변화를 추구해야 한다. 익숙한 것과의 결별을 선언하고 단호하게 행동해야 한다. 각고刻苦의 노력이란 어려운 일을 견디고 몸과 마음을 다해 뜻하는 바를 이루려는 것을 말한다. 변한다는 것에 각고가 없을 수 없다. 자기희생 없이 아무것도 얻을 수 없다.

기본적으로 인간은 달콤함을 좇는다. 앉으면 눕고 싶고 누우면 자고 싶다. 하지만 인생을 변화시킨다는 것은 아무도 가지 않은 길을 표표히 홀로 간다는 것을 의미한다. 우리는 그렇게 매일 조금씩 변해가면 된다. 절대 멈추면 안 된다.

　부동산 경매를 처음 시작했을 당시 나는 이런저런 생각들로 머릿속이 복잡했다. 지금의 삶과 앞으로의 삶에 대해 진지하게 고민했다. "유럽을 가기 위해 야근과 주말 근무를 밥 먹듯이 한다. 글쎄요? 저라면 차라리 유럽여행보다는 주말엔 친구도 만나고 영화도 보고 현실에 충실한 삶을 택하겠어요."

"노후老後라는 타이틀은 우리의 삶을 옴짝달싹하지 못하게 묶어버리죠. 그저 행복한 노후라는 딱 한 가지 이유만으로 우리는 불행하게도 돈 버는 기계가 되어버린 셈이죠. 미래에 행복할 거니까 지금은 불행해도 된다. 이건가요?(웃음) 이것도 준비해야 하고 저것도 준비해야 하고 그러다 보면 가슴 뛰는 청년의 삶은 잊은 지 오랩니다."

"미래를 생각하면 아무것도 못해요. 지금 충실한 삶이 진짜 내 삶인 거죠. 내 인생인데."

　한 다큐프로그램에서 부부가 나와 인터뷰를 하는데 당당한 모습이 참 인상적이었다. 부부는 제법 괜찮은 직장생활을 접고 그들이 예전부터 꿈꿔왔던 작은 가게를 열었다. 1년 동안 레시피를 개발했는데 이제 주변에서 조금씩 반응이 온다며 즐거워했다. 자기 인생의 주인이 되기 위해 과감하게 도전한 부부의 삶도 멋있었지만 무엇보다 본인이 무엇을 좋아하고 잘하는지를 잘 알고 있다는 점이 부러웠다. 스스로에게 많은 질문을 했다. 꼭 돈 때문이 아니라면 당신은 무엇을 하고 싶은가?

　작은 바늘구멍 하나가 결국엔 어마어마한 댐을 무너트린다. 우리는 변화를 너무 심각하고 크게 받아들인다. 그저 놀이하듯 기존의 생활에서 조금만 바뀌면 된다. 매일 출근하던 길이 아니라 한번쯤 다른 길로 가보라. 매일 나누는 대화가 아니라 지금 내가 하고 있는 것에 대한 이야기를 들려주라. 매일 잠드는 시간에 한번쯤은 깨어 있어 보라. 전혀 생소한 메뉴의 다른 식당을 가보라. 이렇게 작은 것에서부터 변화의 물결이 일어나면 된다. 물론 그만큼의 자기희생이 감수되어야 한다. 스스로 변화하지 못하면 시간의 흐름에 변화의 희생양이 될 수도 있다. 이렇게 시작된 변화의 퇴적물들이 쌓이면 매달이 달라지고 매년이 달라질 것이다. 익숙한 것들과의 이별이 아쉽다기보다는 새로운 것들과의 만남으로 설레는 삶을 살게 될 것이다. 나이에 상관없이 청춘의 심장이 다시 뛸 것이다. 내 삶의 변화의 물꼬는 부동산 경매였다.

　부동산 경매를 한다고 하면 뭔가 대단한 일을 하는 것처럼 생각하는 사람들이 있다. 민법, 민사특별법 등의 책을 쌓아두고 열심히 공부해야 할 것 같은 그림을 그린다. 잘 몰라서 그런 것이다. 부동산 경매는 따로 참고서나 문제집이 없다. 일단 친근하게 접근하자. 경매에

쓰이는 용어를 보면 무슨 의미인지 대략 가늠이 된다.

"주택임대차보호법이 뭔지 알아요?"

"대항력이 무슨 말인 줄 알아요?"

첫 번째 질문의 답은 대충 세 들어 사는 사람을 보호한다는 의미인 것 같고 두 번째는 상대방으로부터 대항하는 힘 정도로 알고 있다면 그것이 정답이다. 여기에 조금씩 지식을 늘려가면 된다. 지레 겁먹거나 어렵게 생각할 필요 없다. 절대 암기하지 마라. 클릭 몇 번이면 정보가 쏟아지는 세상에 살고 있다.

다만 간절한 마음은 필요하다. 부동산 경매를 시작했다는 것은 그만큼 간절히 원하기 때문이다. 간절하면 무조건 이루어진다. 실패를 두려워하지 말고 경매를 통해 변화된 자신의 모습을 떠올려보자.

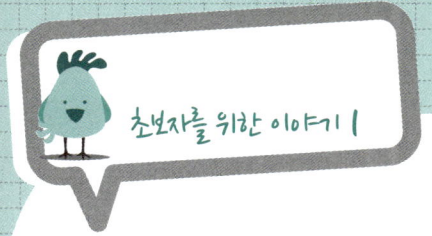

그들의 무용담은 진실일까?

경매 관련 카페나 교육기관 등에서 쪽지나 메일을 많이 받는 편이다. 거의 90%가 광고성 글이며 SNS나 문자메시지를 통해서도 심심찮게 광고들이 들어온다. 대부분은 신경 쓰지 않고 넘기지만 가끔 이게 무슨 소리야 싶은 내용들도 있다. 다소 황당하지만 경매를 가르치는 교육기관이나 인터넷 카페에 보면 가끔 이런 글이 뜬다.

"저는 한 달에 다섯 채를 낙찰받았어요."

"또 낙찰받았습니다. 요번 달만 세 번째 낙찰이네요."

이런 글들을 볼 때면 마음이 씁쓸해진다. 왜냐고? 거짓말이라서? 아니다. 참말인지 거짓말인지는 모르겠지만 거짓은 아닐 것으로 추정된다. 왜냐면 인터넷카페라면 동호회 회원들이 뻔히 알 것이고 더구나 교육기관이라면 가르치는 강사의 양심이 허락하지 않기 때문에 이런 공적인 공간에 거짓을 올리기야 했겠는가. 그런데 댓글들을 보면 참 재미있다. 대부분이 칭찬과 부러움 일색이다. 중간 즈음에 나오는 낙찰자의 댓글을 보면 "성원해주셔서 감사합니다. 누구나 할 수 있습니다. 우리 모두 열심히 합시다. 선생님의 가르침대로 했습니다." 뭐 이런 내용들이 대다수이다. 광고성 글인 줄 알고 읽지만 그래도 허무해진다. 하물며 초보자들에게 거리가 먼 특수물건에 대해 이야기하는 경우도 있다. 특수물건은 높은 수익을 보장하지만 그만큼 위험성을 지니고 있다. 복잡한 권리관계를 해석해야 하고 지루한 소송도 각오해야 한다. 유치권을 다툰다거나 선순위 임차인의 위장 여부를 파헤친다거나 법정지상권의 성립이나 공유 지분 물건 혹은 불법으로 건축된 건물의 내막까지 속속들이 밝혀내야 한다. 한마디로 쪽박 아니면 대박이 될 수 있는 물건이다. 초보자들이 하면 안 되는 물건이기도 하지만 할 수도 없는 물건이다. 하지만 특수물건을 언급하는 이유는 소위 잘 먹히기 때문이다. 속내는 모르고 단지 외형상 드러난 높은 수익에만 관심이 쏠리기 때문이다. 물론 특수물건만 찾아 톡톡히 수익을 올리는 고수들도 있다. 경매라는 울타리 안에서는 이른바 선수로 통하는 사람들일 것이다. 아무나 시도할 수 있는 물건이 아니다. 하지만 이런 특수물건을 마치 아파트나 빌라 한 채 낙찰받듯이 현혹하는 것이 문제다.

예를 들어 유치권이 있는 폐공장을 낙찰받았는데 우여곡절 끝에 잘 해결되었다. 그런데 마침 대기업이 그 땅을 물류창고 용도로 사용한다고 하여 대박이 났다. 별 쓸모없는 맹지를 낙찰받았는데 고속도로가 뚫리면서 대박이 났다. 이런 형태의 무용담은 이면에 숨겨진 위험을 차치하고라도 보는 이로 하여금 짜릿함마저 느끼게 한다.

바로 부동산 경매라고 쓰고 대박이라고 읽는 원인이 되기도 한다. 그렇기에 너도나도 불나방처럼 불 속으로 뛰어들어 그나마 있던 재산마저 톡 털어먹고 마는 결과를 낳는다. 얕은 지식으로 높은 수익을 원하다 보니 항상 그런 투자는 위태롭기만 하다. 한결같이 그 중심에는 그럴싸한 무용담이 존재한다.

자극적인 무용담은 경매 공부를 시작하려는 사람들에게 오래 기억되며 선망을 낳는다. 천만 원이 10억이 되는 것은 우스운 일이 되고 20억, 30억까지도 그다지 어려운 일이 아닌 것처럼 인식된다.

그러나 현실은 어떨까? 물건 검색에서 현장조사, 완벽한 권리분석까지 마치고 드디어 입찰에 나선다. 경매 법정을 가득 메운 수많은 입찰자들을 보고 한 번 놀랄 것이다. 하물며 내가 입찰한 물건에 경쟁자들이 10명도 넘게 들어온 걸 보면 또 한 번 놀랄 것이다. 이렇게 몇 번의 입찰에 번번이 패찰의 고배를 마시면 부동산 경매에 대한 열정이 시들해진다. 무용담의 파라다이스에서 현실이라는 냉혹함과 마주하게 되는 것이다. 천만 원이 10억이 되는 것이 너무 쉬운 일처럼 느껴졌지만 현실에서의 가능성을 타진해보면 자괴감이 들 것이다. 이때가 중요한 시기다. 곧장 거머쥘 것 같았던 10억의 꿈이 한순간에 좌절되고 앞으로 희망마저 사라져버리면 비로소 경매를 접게 된다. 부동산 경매는 이미 남의 이야기가 되어버린다. 본인이 직장생활만으로 얻을 수 없었던 재화財貨를 얻은 양 했지만 실상을 들여다보면 부동산 경매가 만만한 것이 아니란 걸 절절히 깨닫는다.

45일 만에 여섯 채 낙찰!

얼마 전 나는 놀라운 쪽지 하나를 받았다. 링크를 타고 들어가 글을 읽었는데 다소 황당하기도 하고 재미있기도 했다.

한 달 반 만에 여섯 채의 아파트를 낙찰받은 수강생의 인터뷰 내용이 실린 글이었다. 한 달 반 만에 다른 것도 아닌 아파트 여섯 채라? 단순히 숫자로만 생각해보면 45일 만에 여섯 채이다. 거의 1주일에 한 채씩 6주 동안 낙찰받았다는 결론이다. 물론 1주에 두세 채씩 받았을 수도 있겠지만 일단은 너무나 놀라웠다. 매각 허가 결정이 확정되면 줄줄이 잔금 납부를 해야 할 것이고 점유자나 임차인을 상대로 6건의 명도를 해야 할 텐데 가능할까? 전문가도 아니고 이제 부동산 경매를 배우기 시작한 수강생이 넘기엔 너무나 힘든 산인 듯했다. 또한 이렇게 여러 채의 부동산을 거래하면 매매사업자로 분류되어 관련 세법의 제한을 받는데 사업자가 아닌 개인 명의로 여러 채를 취득하고 처분하여 수익을 올리기란 쉬운 일이 아닐 것이다. 어떤 식으로 처리했을지, 수익을 위한 낙찰인지 말 그대로 그냥 낙찰인지 몹시 궁금했다. 그래서 댓글로 물었다. "감정가 대비 몇 퍼센트에 받으셨는지요?" 한참을 기다려도 대답이 없었다.

우리는 낙찰받기 위해 경매를 하는 것이 아니다. 경매의 목적은 오로지 수익이다. 이런 글을 보더라도 여섯 처의 낙찰에 열광할 게 아니라 과연 이 여섯 채의 명도 과정이나 이후 사용, 수익, 처분에 대해 궁금해해야 한다. 과연 어떤 식으로 운용하고 있는지 여섯 채의 운명이 사뭇 궁금했다. 잘 마무리되어 높은 수익으로 이어졌기를 기대해 본다.

대부분 표면적으로 보이는 화려함에 열광하기 쉽다. 부동산 경매의 무용담들은 특히 IMF를 전후해 가히 상상을 초월하는 수익률에 대한 이야기로 가득하다. 아파트나 건물이 경매 시장으로 내몰리면서 현금을 보유한 자본가들은 거의 반값에 물건들을 싹쓸이해갔다. 당시 시대상이 빚어낸 산물이다. 비교적 IMF를 빨리 졸업해 경제상황이 다시 좋아지면서 수익은 기하급수적으로 늘어났다. 실로 흥미진진한 무용담들이 넘쳐날 수밖에 없었다.

　하지만 지금은 상황이 많이 바뀌었다. 부동산 경매로 과연 부자가 될 수 있을까? 솔직히 나는 회의적이다. 슈퍼리치를 꿈꾸는가? 절대 그들의 반열에 오르기는 쉽지 않을 것이다. 그러므로 인터넷이나 SNS 등에 올라오는 "몇 백만 원으로 시작해서 몇 억을 벌었다"는 식의 내용에 현혹되지 말자.

　안타까운 것은 바로 경매의 본질을 몰라도 너무 모른다는 것이다. 다시 말하지만 경매는 낙찰받기 위한 게 아니라 수익을 올리기 위한 것이라는 점을 망각하지 말자. 낙찰은 누구나 받을 수 있다. 솔직히 부동산 경매만큼 공정한 게임이 어디 있겠는가? 한 푼이라도 더 많은 금액으로 입찰하는 사람이 이기는 게임이다. 그러니 낙찰받기가 얼마나 쉬운가. 금액만 많이 쓰면 무조건 낙찰인데 감정가 2억 원의 아파트를 2억 2,000~3,000만 원에 입찰하면 거의 99% 낙찰을 받을 수 있다. 하지만 일반적으로 이 경우 낙찰과 동시에 99% 손해로 이어진다.

 부동산 경매는 낙찰과 동시에 수익이 정해진다. 처음부터 이기고 들어가는 투자다. 하지만 자칫 낙찰에만 신경 쓰다 보면 도를 넘는 투자가 되기 쉽다. 그럼에도 우리는 왜 이런 무용담에 열광하는가?

 부동산 경매를 하려고 마음먹은 사람이 제일 먼저 하는 것이 무얼까? 가장 손쉬운 인터넷서핑부터 시작할 것이다. 이 과정에서 건조하고 어려운 이야기보다 쉽고 흥미진진한 이야기들을 우선 접하게 된다.

 딱딱한 법률관계보다는 화려한 명도와 높은 수익률에 관한 이야기가 훨씬 읽기 편하고 재미가 있기 때문이다. 인터넷서핑을 마쳤다면 책을 읽을 것이다. 가장 먼저 손이 가는 책이 "얼마를 투자해 얼마를 벌었다" 혹은 "나는 지금 몇 채를 가지고 있다" "나이 몇 살에 얼마를 벌었다"라는 식의 타이틀이 화려한 책들에 먼저 손이 간다. 좋은 책도 많지만 간혹 허황된 신세계를 이야기하는 경매 책들도 있다. 근거가 빈약한 책들은 아무런 도움이 되지 않는다. 하지만 그런 책일수록 마음을 쉽게 빼앗긴다. 부동산 경매는 몇 건 낙찰받았다고 돈을 버는 구조가 아니다. 관련 법규는 시시각각 변한다. 거기에 따른 학습이 필요하다.

 당찬 각오로 자신감을 갖고 금방이라도 낙찰받겠다는 심산으로 부동산 경매 학습을 시작한다. 이론 공부와 함께 현장조사도 열심히 하고 동호회 사람들과 교류도 활발히 한다. 하지만 몇 번의 패찰로 그 기세는 꺾이고 어느 순간 마치 남의 일인 양 슬그머니 부동산 경매 시장에서 사라지는 이들이 부지기수다.

"나는 내 맘대로 살고 싶고, 경제적 자유를 얻기 위해서 경매를 시작했는데, 왜 내 맘대로 되는 게 하나도 없을까? 심한 자괴감에 빠집니다. 수익이라도 짭짤하면 그나마 버틸 수 있을 텐데 대출이자까지 내고 나면 진짜 남는 것이 없어서 정말 미칠 노릇입니다. 남들은 부동산 10개 있다고 하면 "우와" 하면서 경매고수니 뭐니 떠들어대는데 정작 내 속은 시커멓게 타 들어갑니다. 내일은 저 먼 지방 내려가서 아직 임대 안 나간 아파트를 임대 부탁하러 중개업소를 돌아다녀야 하는데 오늘 저녁자리에서는 경매고수인 척

해야 하는 상황입니다."

—전용은, 『즉시 팔고 바로 버는 부동산 경매 단기투자』 중에서

이 글을 읽는 순간 저자의 진정성이 느껴졌다. 그동안 읽은 수많은 경매 책들 가운데 손가락에 꼽을 정도로 솔직 담백하게 저자의 속내를 잘 표현한 것 같았다. 혹자는 열 채의 부동산만을 강조하고 초보자는 열 채의 부동산에 열광한다. 또한 수억의 수익만 강조하고 수억의 수익에 열광한다. 대출이나 중개업소의 비즈니스와 난해한 법률관계와 고난도의 명도 과정은 아무도 이야기하지 않는다. 독자 역시 복잡한 속사정보다는 여러 채의 부동산이나 높은 수익률에만 관심을 갖는다. 결국에는 사상누각沙上樓閣이다.

그들의 무용담에 일희일비하며 절대 감정을 이입시키지 마라. 대부분이 허구이거나 혹은 진실이라 하더라도 속내를 감추고 잘 포장된 이야기일 것이다. 어설프게 덤볐다가 지루한 소송에 휘말리거나 입찰보증금을 날리고 마는 혹독한 대가를 치를지도 모른다.

부동산 경매는 결국 본인 스스로가 만들어가는 것이다. 손해를 보건 수익을 올리건 오롯이 본인이 감당해야 할 몫이며 그 누구도 책임

져 주진 않는다.

  시류에 영합하여 분위기에 휩쓸리지 마라. 나만의 스타일을 만들고 끝없이 자문을 구하고 의심하라. 그런 노력의 결정이 흔치 않은 경험과 만나 나만의 무용담이 탄생할 것이다.

로맨스일까? 불륜일까?

  경매에 대해 투자와 투기를 놓고 말들이 많다. 내 생각에는 관점의 문제다. 콜럼버스는 이사벨 여왕의 전폭적인 후원을 받아 신대륙 탐험에 나선다. 결국엔 아메리카 대륙을 발견한다. 그는 15세기 위대한 탐험가이며 유럽인들에게 축복과 기회를 제공한다. 아메리카 대륙은 유럽인들의 활동무대가 되었고 비로소 식민지 경영이 시작된다. 이제까지 역사는 그를 이렇게 기록하고 있다. 위대한 탐험가 콜럼버스라고 하지만 이 관점은 유럽인들의 시각이다. 당시 아메리카 대륙에는 이미 사람이 살고 있었다. 원주민들 입장에서 콜럼버스는 평화로운 땅에 들어와 많은 사람을 죽이고 자원을 빼앗은 살인자이며 약탈자이다. "위대한 항해자 vs. 잔인한 정복자." 관점에 따라 그의 평가는 극명하게 갈린다. 투자와 투기를 이야기하다 너무 거창한 세계사로 흐르고 말았다.

  과연 아파트 열 채를 가지고 있다면 투자일까? 투기일까? 열 채의 주체가 누구인지에 따라 달라질 것이다. 내가 보유하고 있으면 투자이고 남이 보유하고 있으면 투기일까? 주식의 경우도 배당이익을 바라보면 투자이고 단타로 고수익을 원하면 투기인 것일까? 그렇다면 부동산도 오랜 기간 보유하면 건실한 투자이고 시세차익을 노리고 배팅해서 바로 매도로 이어지면 투기인 것일까? 하지만 배당이익을 바라보든 단타를 치든 리스크에 대한 부담은 마찬가지다. 오랜 기간 보유를 하든 바로 매도를 하든 합법적인 테두리 안에서는 모두가 마찬가지다. 결국엔 수익이며 남들보다 더 정확하고 많은 정보와 단련된 학습의 질량이 성패를 좌우한다. 세상은 시시각각 변한다. 투자와 투기의 경계가 무너진 지도 오래다. 오로지 수익과 손실만 있을 뿐이다. 내가 해도 로맨스이고 남이 해도 로맨스인 것이다.

소설 읽듯이
경매를 배우다

0단계
알고 보면 가장 확실한 투자법

 경매競賣란 말 그대로 다툴 경競에 팔 매賣를 써서 '다투어 팔다'라는 의미다. 단순한 거래가 아니라 불특정다수가 정해진 규칙에 따라 서로 다투어 목적물을 취득하는 것, 어떻게 보면 경매의 주된 의미는 바로 '다투다'에 있지 않을까. 그러면 과연 우리는 무엇을 다투고 왜 다투는가?

 부동산 경매란 채무자가 약속한 기일까지 빚을 갚지 못할 때, 채권자가 법원으로 하여금 채무자 대신 경쟁 매매 방식으로 채무자의 부동산을 강제로 매각하게 하여 그 매각대금으로 채권자의 채무를 변제받는 절차를 말한다. 대한민국 법원이 보장하는 가장 합법적인 형태의 거래인 셈이다. 간혹 부동산 경매를 부정적인 시각으로 보기도 하는데 사실 부동산 경매만큼 명확하고 공정한 게 또 있을까?

🏠 부동산 경매에 대한 오해와 편견

혹자는 경매로 받은 부동산은 재수가 없다느니 남의 아픔을 이용하여 내 배를 불린다느니 해서 경매에 부정적인 인식을 가진 사람들이 아직도 많다. 하지만 바꾸어 생각해보면 집주인이었다가 한순간에 채무자로 전락해버린 사람에게 빚 청산만큼 간절한 게 또 있을까? 독촉장과 빚쟁이들에게 시달려보지 않은 사람은 아마 그 아픔을 모를 것이다. 분명한 사실은 채무자는 반드시 빚을 갚아야 한다는 것이다. 그렇지 않으면 이 사회에서 도저히 경제활동을 하며 살아갈 수가 없다. 경제활동뿐만 아니라 다른 부분에서도 많은 제약이 발생한다.

만약 부동산 경매라는 과정을 거치지 않고 일반 매매로 거래를 해서 빚을 청산할 수 있을까? 과연 일반 매매 시장에서 압류, 가압류, 근저당 등등 복잡한 권리가 감자줄기에 주렁주렁 매달린 감자마냥 붙어 있는 물건을 선뜻 나서서 거래할 매수자가 있을까? 매수자는커녕 중개업소에서조차 이런 물건의 중개를 꺼려할 것이다. 즉 일반 매매 시장에서는 사실상 거래될 수 없다는 얘기다. 또한 부동산 경매라는 제도가 없었다면 채무자가 당장 필요한 자금을 어디서 구할 수 있을까? 어디에서도 구할 수 없을 것이다. "내 집 팔리면 돈 갚을게" 이 한마디 믿고 돈을 빌려줄 지인이나 금융기관이 얼마나 될까? 법에서 정한 권리를 설정하고 추후 경매의 형태를 빌려 채권을 회수할 수 있다는 판단 아래 돈을 빌려주는 것이다.

그렇기에 부동산 경매는 가장 적법한 과정을 거쳐 채무자의 굴레를 벗어나게 해주는 제도이며 또한 가장 높은 가격을 제시해준 낙찰자 역시 고마운 존재임에 틀림없다. 어차피 채무자도 얼른 채무가 청산되어야 비로소 새로운 출발을 할 수 있다. 비록 그동안 쌓아왔던 재산이 한순간에 사라져버렸지만 그렇다고 언제까지 채무자로 남아 있을 수만은 없는 일 아닌가? 비단 채무자 한 사람만의 문제가 아니다. 아이들을 비롯한 여러 식구들이 얽혀 있다. 비록 힘들겠지만 경매라는 과정을 거쳐 채무를 청산하는 게 바람직한 방법이다.

투자 측면에서도 부동산 경매만큼 정직하고 확실한 투자가 또 있을까? 일단 부동산 경매는 물건을 낙찰받는 즉시 수익이 정해진다. 정말 명확한 게임이다. 이미 현장조사에서 시세와 거래량을 파악해놓았으므로 법정에서 이름이 호명되는 순간 내 호주머니에 들어갈 돈의 크기를 짐작할 수 있기 때문이다. 예컨대 2억짜리 아파트를 80%인 1억 6,000만 원에 낙찰받았다고 치자. 단순하게 계산하면 일단 4,000만 원의 수익이 발생한 셈이다. 물론 세금을 비롯한 각종 부대비용과 거래의 형태나 보유기간에 따라 다르므로 순수하게 4,000만 원의 수익을 올렸다고 보기는 힘들지만 추후 아파트 가격의 상승과 장기 보유 시 비과세 혜택을 누릴 수 있는 양도소득세 등을 따져보면 주식 투자나 그 외 어떤 투자보다도 훨씬 안전하고 명확한 투자 방법이 아닌가 싶다. 시세보다 무조건 싸게 취득한다는 것이 바로 부동산 경매의 가장 큰 원칙이다. 그러므로 부동산 경매는 낙찰 즉시 수익률이 정해지는 투자다. 시세보다 싸게 취득하기 때문에 너무나 당연히 수익이 나오는 구조다. 한마디로 내가 얼마를 벌지 미리 알 수 있는 시스템이다.

물론 그전에 정확한 시세 파악과 무엇보다 충분한 거래량 조사가 이뤄졌다는 전제조건은 필요하다. 주식 투자와 비교해볼 때 훨씬 안정적인 수익을 보장한다고 해도 과언이 아니다. 주식 투자에 있어서 특정 종목을 선택할 때에는 향후 오를 것이라는 전제가 있을 때 그 종목을 선택한다. 하지만 그렇게 매입한 주식이 과연 오를까? 전문가들도 '신의 영역'이라며 손사래를 치는 것이 바로 주가의 향배다. 하지만 부동산 경매는 다르다. 우리는 현장조사를 통해 대상 물건의 시세를 이미 알고 있다. 그리고 그보다 더 싸게 입찰에 들어간다. 간혹 예외가 있긴 하지만 절대 시세보다 비싸게 입찰하는 사례는 없다. 혹자는 땅 짚고 헤엄치기라고 말하기도 한다. 과연 당신은 '신의 영역'과 '땅 짚고 헤엄치기' 중 어느 쪽을 택하겠는가?

🏠 누구나 할 수 있다

　부동산 경매는 크게 임의경매와 강제경매로 나뉜다. 단어의 뉘앙스만 보면 임의경매는 그냥 일정한 기준 없이 임의로 할 수 있는 경매인 것 같고 강제경매는 복잡하고 어려운 상황인데 말 그대로 강제로 하는 경매라는 느낌이 든다. 그 속뜻을 알고 보면 붙여진 이름과 그 의미가 얼추 맞다. 임의경매는 해당 부동산에 저당, 근저당, 담보권, 전세권 등의 권리를 설정한 사람이 채권을 회수할 목적으로 신청함으로써 진행되는 경매다. 강제경매는 위와 같은 권리를 설정하지 않았지만 소송을 통해 승소했을 경우 진행되는 경매다. 가장 큰 차이는 집행권원의 필요와 불필요이다. 여기서 집행권원이라 함은 소송에서 얻어진 판결문이라 생각하면 쉽다. 즉 판결문과 상관없이 설정된 권리에 기하여 진행할 수 있는 경매를 임의경매라 하고, 소송을 통해 승소한 경우 그 판결문에 기해 진행할 수 있는 경매를 강제경매라 한다. 하지만 임의경매든 강제경매든 실무에서 우리가 입찰하는 데는 아무런 영향이 없다.

　최초에 경매 신청이 된 부동산에 대하여 경매 개시 결정(임의/강제), 경매 준비 절차 진행, 배당요구 종기일 지정, 배당요구 신청 종기일, 경매기일 지정 공고, 입찰 실시까지 약 6개월에서 길면 10개월 가량 걸린다. 즉 우리가 입찰하는 경매 물건은 6~10개월 전에 이미 경매 신청이 된 물건들이라 생각하면 된다.

　부동산 경매는 언제나 그리고 누구에게나 문이 열려 있다. 엄청난 학습이나 전문지식을 필요로 하는 것도 아니다. 책상에 앉아서 하는 학습보다는 현장을 직접 발로 뛰어 얻는 현장 감각이 더 중요하다. 그리고 브로커나 전문가 집단 등 일부 특수한 사람만 하는 것도 아니다. 소위 '깍두기'라 불리는 무서운 사람들이 하는 것은 더더욱 아니다. 이미 오래전부터 경매 법정은 친근한 동네아저씨, 아기를 업은 젊은 엄마들, 부동산 경매를 공부하는 초보 학생들이 편하게 찾는 곳이 되었다. 누구든 기초지식과 학습을 통해 좋은 물건을 시세보다 싼 가격에 취득할 수 있는 합법적이고 공정한 방법이다. 또한 정년이나 은퇴가 없다. 대한민국에 법원이 존재하는 한 부동산 경매는 꾸준히 이어나갈 수 있는 직업이라 할 수 있겠다.

　여러분은 얼마나 준비가 되었는가? 지금부터 진짜 부동산 경매 이야기를 하려 한다. 이제부터는 모르는 법률용어도 나올 것이고 순위를 다투는 권리분석에 대해서도 알아볼 것이다. 비단 소유자뿐만 아니라 임차인들의 형태에 따른 대처 방법도 알아볼 것이다.

　압류, 가압류, 저당, 근저당, 담보가등기, 경매 개시 결정 등기, 가처분, 가등기, 유치권, 지상권 등 이런 단어들이 마구 나올 것이다. 외국어 공부를 처음 시작할 때의 어리둥절함이 찾아올지도 모른다. 당연히 어려울 수밖에 없다. 분명히 한글이긴 한데 단어의 뜻을 알

수가 없다. 미리 말씀드리지만 단지 생소할 뿐이지 절대 어려운 단어들은 아니다. 일상생활을 하면서 접할 기회가 없어 낯설고 생소할 뿐 절대 어려운 단어가 아니다. 누구나 학습을 통해 충분히 습득할 수 있으며 요즘처럼 인터넷 환경이 발달한 시대에 검색 한 번으로 대부분은 해결할 수 있다.

앞으로 부동산 경매에서 발생할 수 있는 모든 경우의 수와 대처법, 수익을 올릴 수 있는 물건 검색 방법, 현장조사, 입찰, 낙찰 이후 행동 요령, 명도에서 드디어 내 집에 입성하기까지 알차고 정확한 정보를 제공할 것이며 무엇보다 기존에 나와 있는 다른 경매 책들을 보면서 나와 생각이 다른 부분에 대해서는 확실히 선을 긋고 내 생각을 이야기하고자 한다. 물론 판단은 독자의 몫이다. 기존의 책들을 비판하려는 의도가 아니라 천편일률적으로 집필된 부분에 대해 내가 경험하고 쌓은 노하우를 토대로 말하고 싶다.

우리는 어떤 사안이나 사건에 대해 생각하는 방식이 천차만별이다. '동상이몽同床異夢'이라는 말이 있듯 같은 물건을 보더라도 견해가 다르고 현장조사를 나가더라도 각자의 방식이 있다. 입찰함에 들어 있는 수많은 입찰 봉투의 수만큼이나 다양한 각자의 스타일이 분명히 존재한다. 나는 서로의 스타일을 존중하며 내 방식을 이야기할 것이다.

한 줄 팩트체크

- ☑ 부동산 경매는 경제의 흐름을 원활하게 한다.
- ☑ 부동산 경매는 물건을 낙찰받는 즉시 수익이 정해진다.
- ☑ 부동산 경매는 임의경매, 강제경매로 나뉘지만 입찰에는 영향이 없다.
- ☑ 부동산 경매는 최초 신청이 된 후 6~10개월 후에 입찰이 진행된다.
- ☑ 부동산 경매는 학습을 통해 누구나 할 수 있다.

1단계
꼼꼼하게 **물건 검색**

지금부터 본격적으로 실무에 관한 이야기를 해보겠다. 물건 검색에서 내 집이라는 깃발을 꽂는 그 순간까지 나만의 방식으로 나누어 설명하겠다. 공부라고 생각하면 어려워진다. 절대 공부라 여기지 말고 편안하게 읽어볼 것을 권한다.

부동산 경매에는 하나의 사이클이 있다. 딱히 정해진 것도 아니고 누가 만든 것도 아니지만 시작에서 마무리까지 하나의 사이클이 만들어진다. 경매를 하는 사람에 따라 생각하는 사이클이 조금씩 다르긴 하지만 그 속을 들여다보면 99% 일맥상통하는 내용이다. 나 역시 경매의 시작과 끝을 6단계로 나눠 설명하고자 한다.

🏠 자신의 목적을 분명히 한다

첫 번째가 물건 검색이다. 부동산 경매 시장은 일반 매매 시장의 흐름을 역행하는 경우가 많다. 그러므로 때로는 역발상이 필요하다.

경기가 좋아 일반 매매 시장의 흐름이 좋을 때는 경매 물건을 찾기가 힘들다. 하지만 시장 상황이 좋지 않을 때는 경매 물건의 수가 늘어난다. 부동산 시장뿐만 아니라 전반적인 경제 상황이 호황일 때보다 침체기에 경매 시장은 더 따스한 훈풍이 분다.

물건 검색에 앞서 가장 우선적으로 선행되어야 할 것이 있다. 먼저 내가 원하는 물건의 정확한 용도를 고려해야 한다.

❶ 실거주 목적이라면 아무래도 내가 직접 들어가 살 집이니만큼 쾌적한 환경과 편리한 교통 여건, 교육 환경과 주변의 인프라 등과 추후 가격 상승 요인을 고려한다.

❷ 단기매매 수익이 목적이라면 현장조사 때 시세도 중요하지만 거래량을 철저히 조사해야 한다. 양도소득세를 감안하고라도 단기간에 매매를 해야 하므로 핵심은 거래량이다. 아무리 좋은 가격에 형성되어 있어도 거래량이 없으면 가격을 내려서 팔 수밖에 없다.

❸ 전세나 월세로 돌려 장기적 현금 흐름을 만들고 임대수익과

동시에 시세차익을 노린다면 주변에 형성된 인프라와 앞으로 개발 호재에 주목해야 한다.

실거주냐? 단기매매냐? 전월세냐? 위 세 가지 중 자신이 원하는 용도를 명확히 정하면 물건 검색이 한결 수월해진다.

또한 내가 가진 투자금도 확인해야 한다. 이상이 높은 건 좋지만 유용할 수 있는 금액은 이상을 따라가지 못한다. 그러므로 철저한 자금계획이 뒷받침되어야 한다. 일단은 종잣돈과 대출을 이용한 레버리지를 어느 정도까지 활용할지 상한선을 정해놓는다. 그래서 그 가격에 합당한 물건을 검색한다. 바로 이 부분 때문에 큰돈이 없어도 부동산 경매가 가능하다고 말하는 것이다. 금액에 맞춰 작게 시작하라. 특히 초보자는 아파트, 빌라, 오피스텔 등 주거용 건물에 한정해 검색할 것을 권한다. 상가나 토지 등은 좀 더 내공이 쌓인 다음에 해도 충분하다.

또한 내가 살고 있는 곳을 정점으로 방사형으로 퍼져나가면서 검색하거나 회사 주변의 물건을 검색의 우선순위에 올려놓는 것도 좋은 방법이다. 가장 잘 아는 지역이므로 현장조사도 편하고 무엇보다 정보가 많다. 그리고 낙찰 이후 절차에 있어서도 집이나 회사 근처면 평상시 생활하는 반경이랑 동선이 겹치므로 여러모로 일처리가 수월하다. 찾아보면 내가 사는 동네에서 물건이 나오는 경우도 많이 있다. 실제로 내가 첫 낙찰받은 물건이 거주하고 있는 동네에 있었다. 명도하는 날 이사하는 상황을 나의 집 베란다에서 바라볼 수 있을 정도로 바로 코앞이었다.

부산에서 강원도 물건을 검색하는 우를 범하지는 말자. 시간 낭비에 사람까지 지치고 만다.

고위험이나 소송을 감수하고라도 높은 수익을 위해 특수물건을 노리는 고수가 아니라면 맨 처음 검색의 원칙은 우선 내 주위부터, 내가 잘 아는 우리 동네부터 하나씩 찾아보는 것이다.

경매 물건은 어디서 찾을까?

과연 경매에 나온 물건들은 어디서 찾을 수 있을까? 대법원 경매 정보 사이트 www.courtauction.go.kr가 있다. 누구든 가장 쉽게 접근할 수 있는 곳이다. 매각기일, 배당요구 종기일, 이해관계인, 감정평가서, 매각물건명세서, 현황조사서, 문건 접수 내역, 잔금 납부 여부 등을 확인할 수 있다. 무료라는 점과 공신력 있는 정보라는 점이 장점이다. 하지만 유료 사이트에 비해 이용이 불편하고 물건에 대한 정보가 상세하게 나와 있지 않다. 기왕 경매를 시작하고자 한다면 유료 사이트를 이용하는 편이 낫다.

각 사이트별, 제공되는 정보의 범위(전국 혹은 관심 지역), 가입하는 기간(3개월, 6개월, 1년) 등에 따라 이용료에 차이가 다소 있다. 가입할 때 본인이 꼼꼼히 챙겨야 할 부분이다.

가입하면 무료로 정보를 이용할 수 있는 사이트도 있지만 모든 정보를 볼 수 없는 단점이 있다. 결국엔 유료 사이트를 이용하게 된다.

금액을 지불하는 데는 그만한 이유가 있다. 뜻을 같이 하는 동료들과 십시일반 나누어 결제하고 아이디를 공유하는 방법도 가격에 대한 부담을 줄일 수 있다. 대표적인 유료 사이트를 몇 군데 소개한다.

- 스피드옥션 www.speedauction.co.kr
- 지지옥션 www.ggi.co.kr
- 굿옥션 www.goodauction.com
- 부동산태인 www.taein.co.kr

부동산 경매를 하는 사람이라면 누구나 알고 있을 만한 사이트들이다. 하지만 꼭 한 가지 명심할 점은 이런 사이트들은 일정 금액을 내고 편의성을 목적으로 이용하는 사설 사이트이므로 맹신해서는 안 된다. 추후 문제가 발생하면 책임 소재가 불분명하므로 결국 입찰자만 낭패를 본다. 등기부등본이나 특히 매각물건명세서(입찰예정자들이 매각물건에 대한 권리관계, 감정평가액 등 정보를 볼 수 있도록 법원에서 정리해놓은 문서)는 본인이 다시 한 번 꼼꼼히 확인하는 것은 필수다. 이 외 다른 서류들도 대법원 경매 정보 사이트에서 비교해본다. 전입세대 열람도 주민센터에 직접 가서 발급받아 확인하는 것이 좋다. 물론 사설 사이트에서 그 분야 전문가 집단이 심혈을 기울여 여러 차례 정보를 확인한 후 제공하는 것으로 알고 있다. 오류가 발생할 가능성은 낮지만 사람이 하는 일인 만큼 주의가 필요하다.

시쳇말로 '만사불여튼튼'이라고 했다. 큰 금액이 걸린 투자이니만큼 신중에 신중을 기하는 것은 입찰자의 몫이다. 추후 수습보다는 예방이 우선이라는 점을 꼭 명심하길 바란다.

경매 물건 검색 사이트에 접속하면 70쪽과 같은 화면이 나온다. 언뜻 복잡해 보인다. 하지만 하나하나 살펴보면 딱히 복잡할 것도 없다. 유료 사이트에서 제공하는 경매 정보는 대부분 이런 형태로 구성되어 있다.

지금부터 경매 정보의 구성과 각 항목에 대해 알아보자. 우선 사건번호는 바로 그 물건에 대한 얼굴이라 할 수 있다. 사람으로 따지면 이름이라고 볼 수 있다. 어떤 경매정보지나 사이트를 보더라도 항상 맨 위 첫머리에 나오는 것은 사건번호다. 사건번호란 그 사건에 대해 붙이는 명칭이다. 부동산이건 자동차건 경매로 진행되는 사건에는 "타경"이 붙는다. 경매는 무조건 타경이다.

예컨대 사건번호가 '2016타경1234'라고 하면 2016년도에 접수된 사

낙찰사례분석 (대전광역시)	아파트				
구분	감정가	낙찰가	유찰횟수	입찰인원	낙찰률
아파트 (건물 59.915㎡)	₩125,000,000	₩112,596,000	1회	17명	90.07%
아파트 (건물 84.89㎡)	₩170,000,000	₩147,566,000	1회	8명	86.8%
아파트 (건물 101.4315㎡)	₩276,000,000	₩247,100,000	1회	12명	89.53%
아파트 (건물 84.54㎡)	₩164,000,000	₩143,160,000	1회	4명	87.29%

▶ 굿옥션 홈페이지 화면

건이며 1234는 해당 법원이 경매 사건마다 부여한 개별 고유번호로 그해에 접수된 순서대로 붙이는 번호다. 참고로 기타 집행 사건에는 "타기" 채권 등으로 집행 사건에는 "타채"가 붙는다. 또한 사건번호 이외에 물건번호가 있다. 물건번호는 사건번호 뒤에 괄호로 표기한다. 예를 들면 2016타경1234(1), 2016타경1234(2), 2016타경1234(3)으로 표시되는데 이를 '동시매각'이라 한다. 입찰할 때 물건번호의 기재 여부에서 가장 빈번하게 실수가 나오는 부분이다.

사건번호는 같은데 물건번호가 있는 것은 전혀 다른 종류의 물건이라는 뜻이다. 예컨대 (1)번은 아파트이지만 (2)번은 임야일 수도 있다. 물건번호가 다르므로 전혀 다른 물건으로 취급한다. 입찰 시 기일입찰표에 반드시 물건번호를 적어야 한다. 동일한 사건번호이지만 전혀 다른 물건이므로 물건번호를 기재하지 않으면 무효처리가 된다. 또한 같은 사건번호의 물건들이 모두 매각을 완료해야 배당이 시작된다. 위 경우처럼 물건번호가 나뉘어 있다고 치자. (1)번 아파트에 임차 보증금을 받아야 하는 임차인이 있는 물건을 낙찰받는다면 (2)번 임야의 매각 절차가 끝날 때까지 배당이 안 되므로 명도에 상당한 부담으로 작용할 수 있다. 원래 하나의 사건번호에 여러 개의 매각 물건이 있는 경우 동시배당이 원칙이다. 그러므로 입찰 시 여러 각도에서 생각할 필요가 있다. 내 물건 하나만 보고 입찰할 수 없는 상황이라는 것을 분명하게 인지하고 다른 물건의 낙찰 가능성까지 염두에 두어야 한다.

법원에 따라 '이시배당(공동 저당물 중 먼저 특정 부동산부터 순차적으로 경매를 해 배당하는 경우)'을 청구할 수도 있다. 하지만 이시배당 여부는 집행 법원의 사정에 따라 결정되므로 이 부분은 입찰 전에 꼼꼼히 챙긴다. 다시 한 번 말하지만 이런 물건의 입찰은 사건번호는 물론 물건번호를 확실하게 기재해야 한다. 기재를 하지 않아 무효가 되거나 기재를 잘못하여 입찰보증금을 날리는 낭패를 당할 수도 있다.

사건번호 아래로 내려오면 해당 물건의 주소지와 면적, 감정가 및 소유자, 채무자, 채권자 등을 알 수 있게 표기해놓았다. 입찰기일과 유찰 횟수 등도 알 수 있으며 현장사진과 함께 등기부등본, 현황조사서, 매각물건명세서, 세대열람내역서, 임차인 현황까지 한눈에 보기 편하게 정리되어 있다. 이 부분들은 권리분석 편에서 하나씩 짚고 넘어가자.

물건 검색은 첫 번째 단추다. 신경 써서 잘 끼우지 못하면 마지막 단추가 자리를 찾지 못한다. 잘못 끼워진 단추는 다시 고쳐 끼울 수 있지만 잘못된 검색으로 인한 낙찰은 다시 되돌리기 힘든 경우가 많다. 우선 잘 아는 곳에서부터 차근차근 해나가야 한다. 엉뚱한 곳에서 기운을 빼지 말자.

경제는 심리전이라고 했다. 가격상승의 기대심리가 작용하면 빚을 내서라도 부동산을 매입하는 것이 대중의 심리다. 그렇기에 우리는 가격상승의 요인을 철저히 분석하고 찾아내어 그들의 심리를 이용할 수 있어야 한다. 내가 어떤 용도로 물건을 검색했든 경매는 무조건 시세보다 싸게 받는 것이 대원칙이다. 경매의 목적은 수익이지 절대 낙찰이 아니다. 몇 번의 패찰을 거듭하다보면 마음이 조급해지고 높은 가격으로 낙찰을 받는 경우가 왕왕 있는데 다시 말하지만 경매는 수익이지 절대 낙찰받는 것이 목적이 아니다. 입찰보증금 보관증을 받아 경매 법정을 나서는 순간 손해로 이어진다.

1년에 10건의 물건을 낙찰받아 진퇴양난의 시간을 보내기보단 9번의 패찰 뒤 단 한 건의 낙찰로 야무지게 수익을 올리는 편이 훨씬 훌륭한 투자다.

초보면 초보다워야 한다. 경매를 시작하면 여기저기서 달콤한 유혹들이 많다. 토지가 좋다느니 임대수익으로 평생월급을 만드는 상가가 좋다느니 틀린 말은 아니지만 토지는 환금성이 없으므로 한 번의 투자로 종잣돈이 묶여버릴 수가 있다. 또한 상가는 상인들이 임대하는 곳이다. 주거지는 가격이 싸면 불편을 감수하고라도 입지에 상관없이 임차인을 구할 수도 있지만 상가는 싸다는 이유만으로 임차인을 구하기는 힘들다. 왜냐면 그들의 생존권이 달려 있기 때문이다. 먹고사는 문제가 달린 만큼 가격보다는 상권과 유동인구 등이 우선이다. 싸게 낙찰받아 좋아하는 시간보다 긴 시간 공실로 있는 애물단지로 전락할지도 모른다. 물건 검색과 함께 현장조사나 권리분석이 충분히 뒷받침되어야 하겠지만 첫 단추는 물건 검색이라는 점을 꼭 유념하길 바란다.

한 줄 팩트체크

- ☑ 부동산 경매의 첫 번째 단추는 물건 검색이다.
- ☑ 원하는 물건의 정확한 용도를 먼저 생각해놓아야 한다.
- ☑ 경매는 소액으로도 가능하다. 나의 투자금과 레버리지를 활용하자.
- ☑ 내가 살고 있는 곳처럼 잘 아는 지역을 우선순위로 검색한다.
- ☑ 대법원 경매 정보 사이트는 무료이며 공신력 있는 정보를 제공한다.
- ☑ 경매를 시작하기로 결심했다면 유료 사이트 이용이 편리하다.
- ☑ 유료 사이트는 책임 소재가 불분명하다. 재확인은 본인의 몫이다.
- ☑ 경매 사건에 한하여 "타경"이라는 명칭이 붙는다.
- ☑ 사건번호 이외에 물건번호도 반드시 이해한다.
- ☑ 패찰을 거듭하더라도 의연하게 대처하자. 절대 조급해할 필요 없다.
- ☑ 달콤한 유혹에 흔들리지 말자. 토지나 상가는 천천히 시작해도 된다.

2단계
정답은 **언제나 현장**에 있다

보통 현장조사를 '임장臨場' 혹은 '임장활동臨場活動'이라고 표현하는데 법률용어가 아니라 부동산 경매를 하는 사람들이 현장조사를 그렇게 부른다. 입찰에 앞서 권리분석이 10%라면 현장조사가 90%라고 생각해도 과언이 아닐 만큼 현장은 중요하다.

절대 빼먹지 말아야 할, 부동산 경매에서 가장 중요한 부분이라 할 수 있겠다. 간혹 입찰자 가운데 너무 잘 아는 동네라는 이유로 현장조사를 하지 않고 입찰하는 경우가 있다. 별 문제가 없으면 다행이지만 막상 낙찰을 받고 현장을 방문했을 때 아차 하며 이마를 치는 경우를 본 적이 있다. 현장조사는 필수이며 무조건 가야 한다. 바쁘다는 이유로 현장에 가볼 시간이 없어서 그냥 입찰했다는 소리는 너무 바쁘니 입찰보증금을 그냥 날려도 상관없다는 말과 같다.

시중에 나와 있는 여러 경매 책들을 보면 현장조사에 대해 자세하게 언급해놓았다. 하지만 매뉴얼에 맞춘 기계적 현장조사 말고 왜 현장이 중요한지 개념부터 확실하게 잡아야 한다. 무턱대고 현장을 방문해서는 별로 얻을 것이 없다.

현장조사는 건물의 내부와 외부 상태 확인, 버스와 지하철 등 교통 여건, 각종 편의시설, 교육 여건, 자연환경 등 주변 인프라와 일반적인 시세, 전월세 상황을 현장에서 직접 발로 뛰면서 알아보는 것이다. 인터넷으로 충분히 알아볼 수 있는 내용이지만 왜 현장을 가봐야 한다고 하는 걸까? 누군가 이렇게 물으면 나는 먼저 그곳의 공기를 느껴보라고 답하고 싶다. 기계적인 현장조사가 아니라 진짜를 느껴보라고 말하고 싶다.

🏠 현장! 그곳의 공기를 느껴보자

"공기를 느낀다"는 말에서 "느낀다"는 것이 중요하다. 예를 들어 도쿄에 간다고 해보자. 그러면 그냥 여행을 하면서 논다고 생각하지만, 그 분위기를 필연적으로 느끼게 된다. 그것이 공부가 된다. 도쿄의 분위기, 문화, 사람들의 표정과 사람을 대하는 태도, 건축물의 양식, 음식 등을 직접 경험하고 그 느낌이 온몸에 새겨진다. 캘리포니아에 있는 구글 본사에 가서 음식을 먹고, 사람들이 일하는 모습을 보고, 이야기를 해보면 공기가 다름을 느끼게 된다. 이것 또한 좋은 학습이 된다. 진짜에 대한 감각을 키울 수 있기 때문이다.

―이상민, 『나이 서른에 책 3000권 읽어봤더니』 중에서

 부동산 경매 책에서 별로 연관성 없어 보이는 문장을 인용해 다소 생소하겠지만 나는 이 문장을 읽으면서 현장감에 대해 정말 잘 표현되어 있다고 생각했다. 특히 "진짜에 대한 감각을 키울 수 있기 때문이다"라는 마지막 문장은 정말 마음에 쏙 들었다. 그래서 현장에 대해 설명할 기회가 있으면 꼭 이 문장을 인용해야겠다고 마음먹었다. 비록 우리가 도쿄를 가고 캘리포니아를 가는 건 아니지만 부동산 경매에 있어서도 현장조사는 이렇게 해야 한다. 앞서 얘기했듯 다른 경매 책들을 보면 현장조사를 어떻게 해야 하는지를 매뉴얼처럼 풀어놓은 글이 많다. 물론 틀린 말 한마디 없이 다 맞는 이야기다. 하지만 무작정 이렇게 저렇게 하라가 아니라 왜 그러한 과정을 거쳐야만 하는지를 알아야 한다. 현장의 공기를 느낀다는 것이 바로 그 답이다. 우리가 수학을 공부하는 이유는 빠른 계산능력을 키우려는 게 아니라 삶의 지혜를 익히기 위해서일 것이다. 우리가 현장조사를 나가는 이

유는 바로 그곳의 공기를 느끼기 위해서다. 학창시절 한 친구는 도서관에 들어갈 때면 코를 벌름거리며 "음~ 공부 냄새"라고 했다. 공부에 냄새가 있나… 절대 그렇지 않다. 하지만 그 친구는 바로 도서관의 공기를 그렇게 표현했으리라 생각한다. 우리가 프로야구 중계를 보더라도 TV로 보는 것과 현장에서 직접 보는 것은 하늘과 땅 차이다. 바로 공기의 차이다. 그러기에 공기를 느끼러 현장을 직접 발로 뛴다. 마치 먹이를 찾아 헤매는 표범 같은 비범함과 푸근한 동네 아저씨 같은 여유로움을 겸비하고 그렇게 현장을 누벼야 한다. 왜냐하면 항상 현장에 답이 있기 때문이다.

책상머리에서 먼저 시작한다

현장조사라고 해서 무조건 현장에서만 이루어지는 것은 아니다. 나는 "책상머리 현장조사"와 "발로 뛰는 현장조사"로 분류하여 조사에 임한다. 비록 현장조사이긴 하지만 컴퓨터만 있으면 책상에 앉아서 할 수 있는 부분이 의외로 많다.

첫 번째 책상머리 현장조사란 현장조사에 들어가기에 앞서 필요한 서류나 임차인과 점유자의 현황, 등기부 등 권리관계, 감정평가서상의 건물 상태, 인터넷 지도를 이용한 주변의 상황 등을 꼼꼼히 분석하는 것을 말한다. 또한 국토교통부 부동산 실거래가를 기본적으로 파악하고 네이버나 다음 등의 포털에 올라온 매물의 거래량과 시세 및 전월세 현황도 확인해둔다. 시청, 구청 등 지자체 홈페이지도 절대 빼놓을 수 없다. 해당 지역의 개발 계획 등을 확인할 수 있기 때문이다. 아파트인 경우 도면이나 방향도 확인해야 하며 주변의 호재나 악재도 미리 파악해두면 현지의 동네 분들과 대화가 훨씬 부드러워진다. 또 단지 규모나 교통 상황에 따른 접근성과 학교, 백화점, 병원 등 주변의 인프라가 잘 갖춰져 있는지도 현장에 나가기 전 책상에 앉아 얼마든지 조사가 가능한 부분이다.

인터넷 지도를 이용해 해당 부동산 주변의 골목골목을 미리 확인할 수도 있고 주 교통수단이 되는 큰길과의 대략적인 거리도 미리 가늠해볼 수 있다. 또 중개업소에 일일이 전화해서 현장의 시세를 미리 파악해놓는 것도 좋은 방법이다. 직접 사람을 만나 물어보는 것이 아니므로 오히려 편할 수도 있다. 이렇게 책상에 앉아 컴퓨터 한 대로 조사할 수 있는 내용들이 정말 많다. 책상에서 조사한 내용들은 내가 알기 편하게 나만의 방식으로 정리해둔다. 이렇게 준비하면 이미 현장에 나가기도 전에 든든한 무기 몇 가지가 생긴 셈이다. 준비되었는가? 그러면 비로소 "발로 뛰는 현장조사"로 넘어간다.

시중의 부동산 경매 책을 보면 마치 약속이나 한 듯이 현장조사를 갈 때 가능하면 대중교통을 이용하라고 되어 있는데 나는 여기에 동의하지 않는다. 버스나 지하철 등을 이용하면 해당 부동산까지 소요되는 시간 혹은 거리, 인근 시설을 여유 있게 확인할 수 있고, 정류장에 내려 직접 걸어보면 지도에서 봤던 거리와 전혀 다르다는 점을 느낄 수 있다는 것이다. 틀린 이야기는 아니지단 나는 반대로 해당 부동산에 차를 주차하고 주변을 걸어 다닌다. 중개업소에도 찾아가고 밥도 먹고 가장 가까운 버스정류장이나 지하철역도 확인해본다. 인근의 편의시설이나 호재와 악재에 대한 부분은 이미 책상머리에서 익히 알아본 터이니 중개업소나 인근 상인들과 대화를 나누며 확인할 수 있다. 그러면 왜 대중교통이 아니고 자가운전인가? 허투루 낭비하는 시간을 최소화하기 위함이다. 지하철이건 버스건 일단은 정류장까지 이동해야 하고 차량이 도착할 때까지 기다려야 한다. 매일 출퇴근하던 익숙한 길이라면 그나마 다행이지만 장소가 조금만 달라져도 노선을 일일이 찾아봐야 한다. 더구나 환승을 해가며 몇 번 갈아타야 할 경우도 있다. 이렇게 길바닥에 시간을 허비한다면 과연 하루에 몇 군데나 다닐 수 있을까? 또 규모가 큰 아파트인 경우는 관리사무소와 상가, 중개업소 등이 꽤나 멀리 떨어져 있다. 동선이 그려지는가? 별 것 아닌 것 같지만 혹한기나 혹서기라면 피로도가 누적될 것이다. 그리고 호재든 악재든 개발되는 현장이 있으면 한번쯤 가보는 것이 좋다. 또한 주민센터 등을 방문하게 될 수도 있으며 내가 사는 지역이 아니라 다른 도시라면 해당 법원도 미리 한 번 가보면 좋다. 주차장 상황이나 인근의 도로 등 공사로 인해 교통의 흐름이 원활하지 않을 수도 있으니 미리 파악해놓으면 입찰 당일 교통 체증으로부터 자유로워질 것이다. 하루에 여러 물건을 둘러보아야 할 직장인이라면 쉴 수 있는 날이 정해져 있으므로 더더욱 기동력이 생명이다.

처음 방문하는 동네의 개발현장, 주민센터, 해당 법원, 이외 다른 대상 부동산 등을 방문하는데 과연 대중교통으로 해결될까? 내가 사는 도시라도 버스나 지하철 노선을 일일이 검색해봐야 하는데 과연 타 도시에서 대중교통을 이용해 원활한 현장조사가 가능할까? 대중교통을 이용하는 것이 무조건 잘못된 방법은 아니지만 일장일단一長一短을 따져보면 자가운전 쪽이 훨씬 장점이 많다.

🏠 동네 정보를 얻는 노하우

나는 현장조사를 갈 때면 일부러 그 동네 식당에서 밥을 먹는다. 그것도 배달이 많은 음식점에 점심시간이 지나 한가한 시간에 간다. 사장님이나 직원들은 배달을 다니기 때문에 아무래도 보고 들은 게 많다. 그리고 점심시간이 지나 식당이 비로소 한가해진 시점이라야 편하게 말을 붙일 수 있다. 나는 이 동네에 이사 올 사람으로 가장해 이것저것 물어본다. 음식 배달은 직접 세대를 방문하므로 내부의 구조

라든가 노후화된 정도를 알고 있는 경우가 많다. 하지만 이에 앞서 이 동네의 호재와 악재에 대해서는 내가 먼저 어느 정도 알고 있으면 훨씬 도움이 된다. 대부분의 사람들이 자기가 살고 있는 동네를 좋게 말하지 나쁘게 말하는 사람은 거의 없기 때문이다. 어느 정도 대화가 무르익으면 마치 몰랐는데 갑자기 기억이 난 것처럼 "그런데 이 동네 이런저런 악재에 대한 소문이 있다던데요?"라고 슬쩍 흘려보는 것도 한 방법이다. 단 너무 구체적인 내용을 알기 위해 집요하게 질문할 필요는 없다. 말 그대로 동네 식당에서 수다 떠는 정도로 가볍게 대화를 나누면 된다. 대화 도중에 "이 집 음식, 참 맛있네요"라든가 "사장님이 정말 친절하시네요" 등 칭찬도 곁들여가며 이야기를 나눈다. 칭찬은 고래도 춤추게 하잖은가. 의외로 중개업소나 경매정보지에서 얻을 수 없는 획기적인 정보를 바로 이런 곳에서 주워들을 수 있다.

사실 이 동네 주민들이야 누구나 알고 있기에 별로 정보랄 것도 없는 사실들이 다른 동네에서 현장조사 나온 입찰자 입장에서는 아주 따끈한 고급정보일 수도 있다. 현장은 이렇게 자연스럽게 그곳의 공기를 느끼는 것이다. 진짜에 대한 감각을 키울 수 있기 때문이다.

🏠 나만의 체크리스트를 만들자

현장조사에 임하기 전에 우선 체크리스트를 만들어 동선에 따라 하나씩 확인해가면서 조사하는 방법이 좋다. 두서없이 무작정 부딪히기보다는 차근차근 정리하는 습관을 들이면 시간 절약과 함께 빠뜨리는 부분 없이 차분하게 생각을 정리할 수 있다. 현장조사를 끝내고 돌아가기 전 차에 앉아 다시 한 번 꼼꼼히 확인한다.

체크리스트는 나만 보는 나만의 것이면 된다. 남이 볼 일도 없고 또 남이 어떻게 생각할까를 신경 쓸 필요는 더더욱 없다. 그러므로 남의 것을 따라 하기보다는 나만의 체크리스트를 만들자. 너무 복잡 다양할 필요가 없다는 얘기다. 나는 여러 번의 시행착오를 거쳐 그중 가장 심플하고 낙서하듯 편하게 마구 사용할 수 있는 형태가 사용하기에 가장 편하다는 것을 알았다. 너무 세분화하면 결국 칸을 다 채우지도 못한다.

예컨대 중개업소 방문 시 현재 거래되는 일반 거래 시세, 전세와 월세의 시세, 매매거래와 전월세 수요는 어느 정도인가? 실거래량은 어느 정도인가? 딱 이 정도가 적당하다. 큰 항목으로 입지 현황, 물건 정보, 권리관계, 시세 분석으로 나누었고 항목을 다시 세분화하여 나누었다. 세분화된 항목들이 너무 세세할 필요는 없다.

맨 아래 기타 항목을 만들어서 세부 항목에서 빠진 내용을 적어놓으면 된다. 다시 한 번 말하지만 그저 본인만 알아볼 수 있으면 그만이다.

또 체크리스트가 쌓이면 이것이 바로 나만의 데이터로 남을 수 있다. 악필이긴 하지만 실제 내가 낙찰받은 물건의 현장조사에서 작성한 체크리스트를 일부 공개한다.

▶ 나만의 현장조사 체크리스트

85쪽의 체크리스트를 보면서 천천히 하나씩 살펴보자.

입지현황 – 대체로 평이하였으나 주변 자연환경이 너무 좋았다. 해당 부동산은 전형적인 베드타운bed town으로 일과 이후 사람들의 편안한 휴식처가 되는 형태였다. 주변에 대단위 아파트 단지들이 형성되어 있었고 일부 상가 쪽을 제외하면 조용한 편이었다. 아파트 단지들 측면으로 유등천이 흐르고 상류 뿌리공원까지 산책로도 아주 좋았으며 인근의 보문산과 한밭도서관 등도 훌륭한 환경요인으로 작용했다.

물건정보 – 주차장 시설이 지하 2층까지이며 세대와 바로 연결된다는 점이 장점이다. 요즘처럼 주차하기 힘든 시기에 차량을 충분히 수용하고도 남을 정도였다. 실제 주민들의 이야기를 들어보아도 주변의 유수한 자연환경과 주차의 편의성에 대단한 자부심을 느끼고 있었다.

권리관계 – 너무나 깨끗했다. 분양 이후 지금까지 한 가족이 계속 거주했으며 임차인도 없었다. 여러 사람이 들고나면 그만큼 집은 상하기 마련인데 분양 이후 같은 사람이 계속 살았으므로 관리가 잘되었을 것이다.

시세분석 – 인터넷으로 알아본 일반 시세와 별반 차이가 없었으며 매매나 전월세 수요 역시 이미 알고 있는 수준에서 특별할 것이 없었다. 단 전월세 시세에 있어서는 중개업소별 미묘한 온도 차이를 보이고 있어 다시 한 번 확인이 필요한 부분이다.

나는 이런 식으로 체크리스트를 활용한다. 굵은 밑줄과 별표는 나만의 주요 표시다. 이 한 장의 체크리스트를 들여다보면 당시의 현장 상황이 훤히 떠오른다. 나와 이야기를 나누던 사람들의 모습이나 대화 내용 등이 소상히 그려질 정도다. 체크리스트는 단순한 종이 한 장이 아니라 추후 나에게 수익을 가져다줄 수 있는 엄청난 데이터이기도 하다는 걸 꼭 염두에 두길 바란다.

자세히 알아서 나쁠 것은 없지만 이렇게 크게 맥을 잡아놓으면 그 외의 부수적인 사항들은 공란이나 기타 란에 본인만 알아볼 수 있게 표시해두어도 무방하다. 다시 말하지만 현장조사는 누구에게 보여주려고 하는 것이 아니라 나만의 데이터를 만들기 위한 것이다. 책상머리 현장조사에서 이미 조사한 다양한 내용들과 현장조사에서 직접 작성한 체크리스트를 다시 꼼꼼히 정리해서 파일 형태로 만들어두면 오래 보관하기에 좋다.

이런 체크리스트 파일이 많이 쌓일수록 본인에게 귀중한 데이터가 된다. 여기서 팁 하나 소개한다. 이렇게 만들어진 파일은 발품과 정성이 고스란히 녹아 있는 개인에게는 소중한 자료다. 소중한 자료인 만큼 백업을 꼭 해놓길 권한다. 나는 2011년 3월 디도스 공격 피해로 노트북에 있던 모든 정보를 날려버린 경험이 있다. 값비싼 대가를 치른 후 무조건 USB에 백업을 해놓는 버릇이 생겼다.

안녕하세요? 사장님

현장조사 할 때 초보자들이 저지르는 가장 큰 실수는 뭘까? 좀 더 심하게 얘기하면 이럴 거라면 차라리 현장조사를 안하는 편이 나을 수도 있는 실수는 뭘까?

바로 시세 조사다. 부동산중개업소는 주택을 거래할 때가 아니면 일반인들이 어지간해서는 별로 방문할 일이 없는 곳이다. 예전이야 복덕방이라는 이름으로 동네 사람들의 사랑방 역할과 함께 외지인들의 길잡이 역할을 했다지만 요즘은 부동산 중개업소의 개념이 많이 바뀌었다. 웬만한 정보는 몇 번의 클릭으로 충분히 얻어낼 수 있는 세상에 살다보니 굳이 방문해서 사람과 얼굴을 맞대고 이야기한다는 것이 한마디로 좀 어색해졌다.

하지만 부동산 경매를 한다면 중개업소는 필수 코스임을 명심하자. 중개업소는 경매하는 사람들이 많은 정보를 얻을 수 있는 창고와 같은 곳이다. 경매 때문에 왔다고 하면 시큰둥하게 생각하고 적극적인 응대를 하지 않는 곳도 있지만 대부분의 중개업소에서는 친절하게 응대해준다. 현장조사를 하는 사람이 미래의 고객이 될 수도 있기 때문에 서로 원원win-win하는 것이다. 항상 예의 있게 행동하고 고마운 마음으로 접근한다.

초보자들은 어떤 실수를 하는가? 대부분 경매를 처음 시작하는 사람들은 막상 중개업소 앞에서 너무나 겸연쩍어 들어가지도 못하고 주변만 빙빙 돌다 그냥 돌아오기 일쑤다. 차라리 그냥 돌아오면 다행인데 중개업소 창에 적힌 시세를 현재 거래되는 시세로 착각하는 오류를 범한다. 엄청난 실수인 것이다.

"이 시세 오래된 거예요.(웃음) 한 2~3년 됐을걸요. 저희도 귀찮아서…. 매번 이걸 어떻게 바꿔요. 하루 이틀도 아니고, 이거 옛날에 붙여놓은 거라는 거 아는 사람은 다 알아요."

내가 현장조사 나갔을 때 중개업소로부터 이런 볼멘소리를 많이 들었다. 중개업소 입구에 있는 시세표는 절대 믿으면 안 된다. 이 시세표는 시차의 간극이 크므로 현 시세를 반영한 것이 아니다. 또 일부 몰지각한 중개업소에서 내세운 고객 유치를 위한 과대광고, 엉터리 매물, 허위 가격 정보일 가능성도 높다. 지금은 많이 개선되어서 이런 시세표를 없애버린 중개업소가 늘어난다는 뉴스를 접한 적도 있지만 그래도 아직은 많은 업소에서 이런 시세표를 전면에 내걸고 있다. 그러니 입구에서 쭈뼛거리지 말고 과감하게 중개업소에 들어가라. 어차피 한번은 넘어야 할 산이다. 밝고 힘찬 모습으로 당당하게 "안녕하세요? 사장님" 이렇게 시작하면 된다.

혹자는 매도자 입장과 매수자 입장이 되어서 물어보라고 했는데 그냥 들어보면 제법 설득력 있어 보이지만 실전 경험 없이 그저 책으로만 경매를 배운 사람의 말일 뿐이다. 실전에서 과연 통할까?

중개업소 사장들은 사람을 상대하는 것이 일이다. 몇 마디 나눠보면 거의 답이 나온다. 매수자는 사는 사람이다. 마치 다음 달에 들어올 것처럼 이것저것 물어봐야 하는데 "왜 이사하려 하느냐? 직장 때문이냐? 부모님과 함께 사느냐? 식구는 몇이냐? 아이는 몇 학년이냐?" 등 사장의 돌발성 질문에 한순간 말문이 막혀버리면 금세 분위기가 어색해진다. 하물며 매도자 입장은 더 힘들다. 몇 마디만 나누어도 이 동네 사람이 아니라는 사실이 바로 탄로 난다.

요즘은 중개업소 사장들도 워낙 정보가 빨라서 동네에서 나온 경매 물건에 대해 거의 알고 있다. 괜히 어설픈 연기를 했다가는 금방 들통난다. 나는 솔직하게 경매 물건 때문에 왔다고 이야기하는 편이다. 그래야 더 자세히 물어볼 수 있다. 이런 경우 중개업소 사장은 대개 두 가지 유형으로 나뉜다. 시큰둥하게 대응하는 불친절한 스타일과 잠재 고객이라 여기고 친절하게 대응하는 스타일. 대부분은 친절하게 설명을 해주는 편이다. 중개업소를 나올 때 나는 꼭 명함을 챙겨 나온다. 그리고 명함에 나름대로 중개업소 사장의 스타일을 표시해둔다. 예컨대 "G"라는 표시는 "GOOD", 즉 친절하고 호의적이라는 뜻이다. 나머지는 상상에 맡기고 싶다. 참고로 명함을 북북 찢어버린 경우도 있다.

중개업소에 방문하기 전에 우선 내 스스로에게 먼저 질문해보라. 무엇을 물어봐야 할지, 무엇을 알아내야 할지 미리 생각해놓는다. 그렇지 않으면 질문이 뒤죽박죽이 되고 막상 얻어내려 했던 답을 구할 수 없게 된다. 또한 눈치가 있어야 한다. 밖에서 힐끔 봤을 때 손님이 있거나 전화 통화 중이면 일단 다른 중개업소부터 찾는다. 한창 고객과 열심히 영업 중인데 눈치 없이 경매 때문에 시세 좀 알아보러 왔다고 들어서면 누가 반가워하겠는가? 또 중개업소를 방문할 때 짧은 인사가 끝나면 바로 본론으로 들어가 내가 알고 싶은 부분을 물어보아야 한다. 괜히 말을 빙빙 돌릴 필요가 없다. 시간이 늘어지다 보면 다른 손님이 올 수도 있고 그러다 보면 아무래도 사장은 직접적으로 영업이익이 생길 만한 손님에게 더 집중하게 마련이다.

"옷차림도 전략입니다." 한때 유행하던 광고 카피다. 그렇다. 어떤 옷차림을 하느냐에 따라 사람의 이미지가 완전히 달라 보인다. 중개업소를 방문할 때 후줄근한 운동복이나 작업복 차림은 곤란하다. 정장을 차려입을 필요야 없겠지만 가능하면 단정하게 차려입고 머리 모양도 깔끔하게 하여 첫인상부터 상대방에게 신뢰감을 심어준다. 요약하면 아래와 같다.

❶ 중개업소 전면에 내걸은 시세표를 절대 믿지 말라.
❷ 어설픈 연기도 하지 말라.
❸ 무엇보다 꼭 알아내야 할 것들에 대해서는 미리 생각해놓자.
❹ 눈치 있게 행동하고 단정하게 입자.

집 좀 보여주세요

"뭐야, 당신 필요 없으니까 당장 돌아가!"
"저 그게 아니라…."
"당장 가라고. 내 말 안 들려. 당신 귀 먹었어?"
(정적)

독기를 가득 품은 젊은 여자의 목소리가 인터폰 밖으로 흘러나왔다. 거의 절규에 가까웠다. 무서웠다. 등골이 오싹했다. 혹시라도 뛰쳐나올까 봐 얼른 자리를 피했다. 경매를 시작하고 얼마 되지 않은 현장조사에서 온몸에 있는 용기를 다 끌어모아 벨을 눌렀을 때 벌어진 일이다.

"경매 때문에 왔는데요."

이 한마디에 이렇게 앙칼진 반응이 돌아왔다.

고백하건대 내가 제일 못 하는 부분이다. 현장조사는 명도보다 몇 배는 더 어렵다. 임차인이든 소유자든 어떤 이유에서건 해당 부동산에 거주하는 사람은 신경이 날카로워질 수밖에 없다. 이해해야 한다.

그나마 수월한 경우는 대항력 있는 임차인 정도일 텐데 이때도 경매 때문에 누군가 자꾸 찾아와 집을 보여 달라고 하면 반가울 리 없다. 하물며 전 재산과 다름없는 부동산을 그것도 보금자리를 잃게 된 사람의 심정은 이루 헤아리기 힘들 것이다.

아파트는 딱히 내부를 보지 않아도 인터넷 도면 등을 통해 구조나 노후도를 어느 정도 알 수 있다. 그렇다 해도 가능하면 양해를 구하고 아랫집이라도 방문해보는 것이 좋다. 누수 여부도 확인할 수 있고 층간소음이나 특히 윗집 사람들의 정보도 운 좋게 알아낼 수 있다. 빌라, 다세대, 다가구 형태의 주택은 필히 내부를 보는 것이 좋다. 파손 여부나 노후도를 보는 것도 중요하지만 이런 형태의 주택은 누수와 곰팡이를 가장 눈여겨봐야 한다.

　평택에 집값이 한창 오르던 때 다세대 주택이 저렴하게 나온 적이 있었다. 사진으로 보았을 때 외관이 깨끗하고 그리 낡아 보이지도 않았다. 왜 이렇게 가격이 떨어졌을까? 너무 외진 곳이라 그런가? 아니면 치명적인 문제라도 있는 건가? 의구심을 품고 현장조사에 나섰는데 막상 문이 열린 주택은 안방을 비롯한 전체가 거의 물바다였다. 이건 아니다 싶어 뒤도 돌아보지 않고 마음을 접었는데 나중에 보니 낙찰자도 뒤늦게 현장을 보고 깜짝 놀라 미납을 했다고 한다.

　후텁지근한 어느 여름 대전 소재의 빌라 한 채를 낙찰받았다. 권리관계도 깨끗하고 명도도 별 무리 없이 끝났는데 막상 들어가본 집 내부의 모습은 마치 진하게 마스카라한 여성이 눈물을 흘린 것처럼 어디랄 것도 없이 벽이란 벽은 다 그렇게 얼룩져 있었다.

　낙찰을 받은 순간의 환희가 순식간에 애물단지로 바뀌었다. 백방으로 원인을 파악해보아도 워낙 범위가 넓어 찾을 수가 없었다. 하는 수 없이 옥상 전체 방수를 다시 했다. 방수액과 방수페인트 등 각종 도구를 직접 사다가 그 무더운 여름날 며칠을 작업했다. 다행히 누수는 잡혔고 애물단지였던 그 빌라는 보란 듯이 거래되었다.

　위의 두 경우는 내가 활동하는 공부방의 회원들이 겪은 일이다. 이렇게 빌라나 다세대, 다가구는 내부를 꼭 들여다보는 것이 후회를 막는 길이다. 상황이 여의치 않을 경우에는 가능하면 아랫집, 안 되면

▶ 건물에 하자가 있었던 경우

윗집이라도 적극 방문한다.

이런 경우도 있다. 앞서 사례가 건물의 노후도에 따른 실패였다면 건물의 하자를 전혀 신경 쓰지 않고 입찰해 실패하는 경우도 있다. 거주 목적이 아니라 건축이 목적인 경우인데 건축 붐이 일어나는 시기에는 토지의 가치만 보고 입찰하기도 한다.

2009년 단독주택이 경매 물건으로 나왔다. 워낙 오래된 집이라 집 자체로는 값어치가 없었다. 비가 샌다고 해도 별 문제될 것이 없었다. 하지만 땅의 가치가 좋았다. 직사각형으로 반듯했으며 진입로도 큰길과 연결되어 차량 통행이 수월해 보였다. 다가구주택의 건축 붐이 일어나는 시기라 건물은 밀어버리고 땅의 가치만 보고 낙찰받아도 충분히 수익이 날 만한 물건이었다. 무엇보다 인근에 지하철역이 도보로 15분 정도 거리에 있었다.

바로 95쪽의 광경을 보기 전까지 말이다. 현장에 가보니 빼꼼히 문이 열려 있었다. 열린 문 사이로 시야에 들어온 광경을 보고 입이 절로 벌어졌다. 한마디로 쓰레기장 그 자체였다. 내친김에 집 안까지 들어가보았다.

"계세요? 여기 누구 없나요? 경매 때문에 나왔는데요."

조용했다. 별다른 인기척이 느껴지지 않았지만 현관문이 열려 있었다. 살짝 열린 현관문 사이로 거실을 볼 수 있었다. 순간 깜짝 놀라 뒤도 돌아보지 않고 도망치듯 빠져나왔다. 거실도 마찬가지로 갖가지 고물에 폐지와 박스 등으로 쓰레기장을 방불케 했다.

주변으로부터 알아본 결과 노인 두 분이 살고 있는데 한 분은 치매 증상이 있고 다른 한 분은 폐지나 박스 등 고물을 주워서 생활을 한다고 했다. 이 사례 역시 공부방 S군이 현장조사 때 겪은 일이다. 이런 경우가 명도할 때 가장 난도가 높다. 내용증명이나 강제집행 따위가 통하지 않는다. 노인들이나 특히 무속인, 환자 등이 있는 물건은 차라리 입찰하지 않는 편이 정신건강에 이롭다. 물건은 차고 넘친다. 이 경우도 현장조사에서 얻어낸 쾌거라면 쾌거라 할 수 있겠다. 현장은 이렇게 중요하다. 현장조사를 통해 미리 명도의 난이도나 주택의 상태를 가늠하는 일은 상당히 중요하다.

물건 검색의 첫 단추가 잘 끼워졌다면 현장조사의 두 번째 단추도 잘 끼우길 바란다. 준비되었는가? 이젠 드디어 입찰이다. 부동산 경매를 시작하고 직접적으로 자금이 투입되는 시기다. 딱 한 번의 실수로 일순간에 입찰보증금이 날아가버리기도 한다. 하지만 낙찰이라는 환희의 순간이 기다릴 수도 있다. 물건을 검색하고 그 현장을 조사했으니 이젠 운명의 주사위를 던질 차례다.

한 줄 팩트체크

- ☑ 현장조사를 "임장" 혹은 "임장활동"이라 한다.
- ☑ 절대 빼먹지 말아야 할 부동산 경매에서 가장 중요한 부분이다.
- ☑ 기계적인 현장조사가 아니라 진짜 그곳의 공기를 느껴야 한다.
- ☑ 현장의 식당, 편의점 등을 이용해보자. 좋은 정보를 얻을 수도 있다.
- ☑ 현장에 가기 전 컴퓨터로 할 수 있는 책상머리 조사는 미리 해놓자.
- ☑ 대중교통보다는 자가운전으로 현장조사를 하는 편이 훨씬 유리하다.
- ☑ 나만의 체크리스를 만들고 동선에 따라 움직여보자.
- ☑ 체크리스트가 쌓이면 나만의 데이터가 된다.
- ☑ 체크리스트는 USB 등 꼭 다른 곳에 백업을 해놓길 바란다.
- ☑ 중개업소는 매너 있는 행동과 고마운 마음으로 찾아가자.
- ☑ 시세표는 시차의 간극이 크므로 현 시세를 반영한 것이 아니다.
- ☑ 용기를 갖고 해당 물건의 세대를 직접 방문해보자.

3단계
가슴 떨리는 **입찰**

드디어 손 모아 기다리던 입찰이다. 입찰보증금을 챙겨서 경매 법정으로 향하는 시간이다. 나와 같거나 비슷한 생각으로 모인 사람들은 어떤 사람들일까? 과연 내가 입찰하는 물건에 몇 명이나 입찰을 할까? 과연 그들은 입찰가를 얼마나 쓸까? 기분이 묘해지고 가슴이 두방망이질 치기 시작한다.

그동안 물건 검색과 현장조사를 얼마나 열심히 했던가? 현장의 모습이 주마등처럼 스쳐 지나갈 것이다. 낙찰이 되면 그간의 고생에 대한 충분한 보상이 될 것이다. 하지만 패찰이 되었다고 해서 실망할 필요는 없다. 그만큼 현장의 경험과 데이터가 남는다. 나중에 어떤 형태로든 나에게 보상을 줄 것이다. 또 그동안 계산기로만 두드려왔던 자금을 직접 만지는 시기다. 입찰보증금을 찾아 지갑 속에 넣고 다녀보면 생전 처음으로 이렇게 큰돈을 지갑 속에 넣어보는 어색한 경험도 하게 된다. 실제로 나는 1억이 넘는 수표를 지갑 속에 넣고 다니며 하루 종일 불안하고 가슴 설렌 경험을 한 적이 있다. 부끄러운 이야기지만 우리 부부는 그 수표를 들고 소위 인증샷을 찍기도 했다.

입찰보증금은 입찰 하루 전에 미리 찾아놓기를 권한다. 입찰하는 당일은 모든 것이 고요하고 평안해야 한다. 즉 마음의 평정심을 잘 유지하고 있어야 하는 날이다. 부산하게 처리해야 할 일이 많으면 꼭 실수가 나오게 마련이다.

현장조사에서 언급했듯이 입찰에 앞서 해당 법원에 미리 한 번씩은 꼭 가보라고 권하고 싶다. 여건이 안 되면 할 수 없지만 해당 법원의 지리적 위치를 파악해놓는 것이 중요하다. 도심 한가운데 있는지 아니면 외곽의 한적한 곳에 위치해 있는지, 가장 중요한 것은 주차 여건을 잘 파악해두어야 한다. 참고로 나는 대전법원에 갈 때면 건너편 대형마트에 주차한다. 어차피 주차장에 들어가봐야 빙빙 돌다가 그냥 나온다는 것을 경험으로 잘 알기 때문이다. 논산지방법원에 입찰하러 갔을 때도 주차 여건 때문에 빙빙 돈 적이 있다. 물론 입찰시간에 늦지는 않았지만 적잖이 당황했었다. 내가 사는 지역이 아닌 타 지역에 입찰하러 가게 되면 현장조사 때 시간을 할애해 해당 법원에 가보는 것도 도움이 된다. 건물의 형태나 내부 모양, 화장실과 매점의 위치

등을 한번 둘러보는 것만으로도 학습의 효과가 있다. 현장조사 하러 간 날에 운 좋게 경매가 있는 날이면 해당 법정의 분위기를 확인할 수도 있다. 어떤 절차에 따라 입찰과 개찰이 이루어지는지 특히 입찰 마감시간은 법원별로 차이가 있기 때문에 마감시간을 미리 파악해두는 것도 도움이 된다.

빈손으로 나오지 말고 기일입찰표와 입찰 봉투, 입찰보증금 봉투 등과 대출 중개인들이 나눠주는 명함도 꼼꼼히 챙겨온다. 실제 입찰할 때 전화로 사건번호를 알려주면 가능한 대출 금액이 어느 정도인지 알아볼 수 있기 때문에 명함은 꼭 받아놓는 것이 유용하다.

기일입찰표를 작성한다

입찰 당일이다. 법원으로 출발하기 전에 해당 물건의 입찰이 진행되는지 미리 살펴본다. 일단 본인이 가입된 유료 경매 사이트를 먼저 확인해보자. 그리고 대법원 경매 사이트에서도 한번 확인해보자. 간혹 입찰 당일 경매가 취하되는 경우가 있다. 심지어 입찰 시작 전에 취하되기도 한다. 그러므로 법정에 도착해서도 입찰 게시판을 꼭 확인해야 한다.

만약 내가 입찰하려던 물건이 취하되면 아쉽지만 그냥 돌아와야 한다. 보통 개찰 개시와 마감시간은 오전 10시~11시 30분인데 법원마다 다소 차이가 있으니 미리 확인한다.

법정에 들어가면 우선 기일입찰표 양식을 받아 입찰표를 작성한다. 이때 입찰 봉투와 보증금 봉투도 함께 받는다. 혹시 작성하다 잘못 기재할 수도 있으니 미리 양식을 2~3장 받아놓는다. 입찰표를 작성하기 위해 투표소처럼 만들어진 공간이 따로 있는 곳도 있지만 매점이나 본인의 차량 안에서 작성해야 하는 경우도 있다. 작성이 완료되면 입찰 봉투를 집행관에게 제출한다. 집행관은 도장을 날인하고 입찰자용 수취증을 준다. 이 입찰자용 수취증은 잘 보관한다. 입찰함에 들어 있는 수많은 입찰 봉투 중 나의 입찰을 증명해주는 유일한 표식이다. 또한 패찰 시 입찰보증금을 찾아가려면 반드시 제출해야 하므로 보관에 유의한다. 간혹 실수로 입찰이 무효가 되는 경우가 있다. 입찰보증금이 초과할 경우에는 상관없지만 미달인 경우, 기일입찰표 작성 시 금액을 수정했거나 공란으로 두었을 경우, 물건번호를 적지 않은 경우, 경매 참가 자격이 없는 채무자나 종전 낙찰자 등이 입찰한 경우 등은 무효 처리가 된다.

우선 입찰은 꼭 본인이 직접 해야 하는 걸까? 본인이 바쁘면 다른 사람을 시켜도 될까? 자금이 부족해 타인과 함께 입찰하고 싶은데 지분을 나누어서 함께 입찰해도 될까?

결론부터 말하면 모두 가능하다. 입찰은 본인 입찰, 대리 입찰, 공동 입찰 모두 허용된다. 또한 공동 입찰을 하고 그중 한 명이 대리인으로 입찰을 해도 되고, 공동 입찰을 하고 제3자가 대리로 입찰해도 무방하다. 이렇게 입찰하는 방법은 여러 가지다. 의지만 있으면 어떤 형태로든 입찰이 가능하다.

우리가 주민센터나 은행 등을 방문했을 때 직원으로부터 일정 양식을 써달라는 요구를 받을 때가 있다. 아무 부담 없이 양식의 빈칸을 채워 제출한다. 마찬가지로 기일입찰표도 작성 요령은 정말 간단하다. 하지만 심적으로 느끼는 중압감은 하늘과 땅 차이다. 내 손을 떠나는 순간 기천만 원의 입찰보증금이 날아갈 수도 있기 때문이다. 신중에 신중을 기해 작성한다.

그럼 기일입찰표를 작성해보자. 어려울 것은 없지만 사건번호나 입찰 금액 등 절대 빼먹지 말아야 할 부분들이 있으므로 경매 당일 소란스러운 법원에서 쓰는 것보다 차분한 마음으로 전날 집에서 작성하는 것이 안정적이다.

과연 기일입차표는 어떻게 생겼을까? 103쪽 그림을 참고하여 차근차근 작성 요령을 알아보자.

기일입찰표의 A, B, C, D, E 항목별 기재사항을 알아보자. A와 B 항목에 사건번호와 물건번호를 기재한다. 물건번호는 있는 경우도 있고 없는 경우도 있으므로 있을 때만 기재하면 된다. 앞서 물건 검색 파트에서도 한 번 설명했지만 물건번호 작성에서 가장 많은 실수가

기 일 입 찰 표

대전지방법원 집행관   귀하   입찰기일 :   년   월   일

사건번호	A	타경	호	물건번호	B ※ 물건번호가 여러개 있는 경우에는 꼭 기재

입찰자	본인	성 명	㉿	전화번호
		주민(사업자)등록번호	—	법인등록번호
		주 소	C	
	대리인	성 명	㉿	본인과의 관계
		주민등록번호	—	전화번호
		주 소		

입찰가격	천억	백억	십억	억	천만	백만	십만	만	천	백	십	일	원	보증금액	백억	십억	억	천만	백만	십만	만	천	백	십	일	원
				D														E								

보증의 제공방법	☐ 현금·자기앞수표 ☐ 보증서	남은 보증금을 반환 받았습니다. 입찰자(대리인) ㉿

※ 주의사항
1. 입찰표는 물건마다 별도의 용지를 사용하십시오. 다만, 일괄입찰시에는 1매의 용지를 사용하십시오.
2. 한 사건에서 입찰물건이 여러개 있고 그 물건들이 개별적으로 입찰에 부쳐진 경우에는 사건번호외에 물건번호를 기재하십시오.
3. 입찰자가 법인인 경우에는 본인의 성명란에 법인의 명칭과 대표자의 지위 및 성명을 주민등록란에는 입찰자가 개인인 경우에는 주민등록번호를, 법인인 경우에는 사업자등록번호를 기재하고, 대표자의 자격을 증명하는 서면(법인의 등기부 등.초본)을 제출하여야 합니다.
4. 주소는 주민등록상의 주소를, 법인은 등기부상의 본점 소재지를 기재하시고, 신분확인상 필요하오니 주민등록증을 꼭 지참하십시오.
5. **입찰가격은 수정할 수 없으므로 수정을 요하는 때에는 새 용지를 사용하십시오.**
6. 대리인이 입찰하는 때에는 입찰자란에 본인과 대리인의 인적사항 및 본인과의 관계 등을 모두 기재하는 외에 본인의 위임장(입찰표 뒷면을 사용)과 인감증명을 제출하십시오.
7. 위임장, 인감증명 및 자격증명서는 이 입찰표에 첨부하십시오.
8. 일단 제출된 입찰표는 취소, 변경이나 교환이 불가능합니다.
9. 공동으로 입찰하는 경우에는 공동입찰신고서를 입찰표와 함께 제출하되, 입찰표의 본인란에는 "별첨 공동입찰자목록 기재와 같음"이라고 기재한 다음, 입찰표와 공동입찰신고서 사이에는 공동입찰자 전원이 간인하십시오.
10. 입찰자 본인 또는 대리인 누구나 보증을 반환 받을 수 있습니다.
11. 보증의 제공방법(현금, 자기앞수표 또는 보증서)중 하나를 선택하여 ☑표를 기재하십시오.

▶기일입찰표 양식

나온다. 미기재로 무효처리가 되면 그동안 노력해왔던 모든 것이 한 순간 물거품이 되어버린다. 공정하게 겨루어서 패찰이 되면 어쩔 수 없지만 실수로 무효가 되면 허망하다.

C 항목은 본인의 인적사항을 기재하면 되는데 낙찰 이후 문건을 송달받아야 하므로 주소와 전화번호를 명확히 기재한다. 나는 최고가매수신고인(낙찰자)이 되어 법대 앞으로 호명되어 나갔는데 집행관이 도로명 주소를 써야지 왜 구주소를 섰냐고 핀잔을 준 적도 있다. 물론 그것 때문에 결과가 번복되지는 않았다.

D와 E 항목은 정말 조심해야 한다. 간혹 바꿔 쓰는 사람이 있다. 그런 경우 절대 낙찰받을 수 없다. 그리고 입찰 금액은 수정할 수 없다. 덧칠을 하거나 지우고 다시 쓰거나 하면 절대 안 된다. 특히 숫자 0, 3, 6, 9 등은 잘못 쓰면 애매해지므로 명확하게 한 획으로 쓴다. 기일입찰표 주의사항 5번 항목을 보면 수정이 필요할 때는 새 용지를 사용하라고 나와 있다. 사실 어려운 것은 없다. 긴장하지 말고 차분하게 입찰 전날 집에서 작성할 것을 권한다.

대리 입찰도 별로 어려울 것은 없다. 서류가 몇 장 더 첨부될 뿐이다. 우선 기일입찰표 B 항목 대리인 란에 대리인의 인적사항을 기재한다. 대리 입찰은 본인을 대리하여 입찰하는 행위이므로 본인이 위임했다는 위임장이 필요하다. 위임장은 대부분 기일입찰표 뒷면에 함께 있는데 간혹 위임장 양식이 따로 있는 경우도 있으므로 이럴 경우는 양식을 따로 받아 작성하면 된다.

위임장을 처음 접하면 다소 애매한 부분이 있는데 106쪽과 같이 위임장을 작성하면 된다. 누구나 할 수 있다. 기일입찰표의 본인과 대리인 란에 기재한 인적사항을 그대로 옮겨 적으면 된다.

단 조심할 한 가지는 본인 입찰일 경우 아무 도장이나 상관없지만 대리 입찰의 경우 반드시 본인의 인감도장을 찍어야 한다. 즉 기일입찰표 본인 란과 위임장 본인 란에 찍힌 인감도장이 동일해야 하며 무엇보다 첨부한 본인의 인감증명서의 도장도 일치해야 한다. 대리인 입찰 시 인감증명을 첨부하지 않았거나 첨부하더라도 증명서상의 도장과 위임장의 도장이 다르면 당연히 무효가 된다. 또 첨부한 인감증명서는 입찰 기간 만료일 전 6개월을 초과하는 경우 개찰에 포함시키지 않는다. 즉 6개월 전에 발급한 인감증명서를 첨부했다가 낭패를 당할 수도 있다는 얘기다. 어떤 이는 6개월이 아니라 3개월을 주장하는 이도 있는데 왈가왈부할 필요 없이 속편하게 새로 발급받아 첨부하는 것이 정신건강에 이롭다.

다시 한 번 정리해보면 본인 입찰 시에는 신분증, 도장, 입찰보증금을, 그리고 대리 입찰 시에는 대리인의 신분증, 대리인의 도장, 위임장, 위임인의 인감증명서와 인감도장, 입찰보증금을 준비해야 한다.

입찰보증금은 최저매각가격의 10%이다. 2억 원에 시작하는 물건이면 2천만 원이 된다. 입찰보증금을 내는 이유는 입찰 후 정당한 이유

없이 계약 체결을 회피하는 경우를 방지하기 위해 입찰자가 납부하는 금액이다. 낙찰이 되면 다시 돌려받는다.

만약 이 물건이 한 번의 유찰로 인해 1억 4,000만 원에 다시 경매에 나오면 당연히 입찰보증금은 1,400만 원이 된다. 재경매인 경우 간혹 보증금이 10%가 아니라 20%인 경우도 있으니 잘 확인한다.

얼마를 써야 낙찰받을 수 있을까?

가장 고민이 많아지는 시점이다. 현장조사에서부터 입찰 봉투가 입찰함에 들어가는 그 순간까지 최대 고민이 바로 입찰가다. 얼마를 써야 할까? 과연 상대방은 얼마나 쓸까? 내가 생각하는 이 금액이 과연 낙찰이 가능하기나 할까?

호가 방식은 현장에서 어느 정도 가늠이 된다지만 입찰 방식으로 바뀌면서 정말 "모 아니면 도"가 되어버렸다. 하지만 입찰 방식으로 바뀌면서 경매 현장이 정화되고 많은 발전이 있었다. 지금의 분위기가 조성된 가장 큰 이유는 호가에서 입찰로 바뀐 방식의 변화가 가장 큰 역할을 한 셈이다. 얼마나 인간적이고 공정한가? 단돈 1원이라도 높은 금액을 쓴 사람에게 낙찰의 영광이 주어진다는 게. 나는 입찰 금액에 대해 무조건 아내와 상의한다. 혼자 고민하는 것보다 두 사람

위 임 장

대리인	성 명	A	직 업	
	주민등록번호	-	전화번호	
	주 소			

위 사람을 대리인으로 정하고 다음 사항을 위임함.

다 음

대전지방법원   타경   호 부동산

경매사건에 관한 입찰행위 일체

본인1	성 명	㉠	직 업	
	주민등록번호	B -	전화번호	
	주 소			

본인2	성 명	㉠	직 업	
	주민등록번호	-	전화번호	
	주 소			

본인3	성 명	㉠	직 업	
	주민등록번호	-	전화번호	
	주 소			

❋ <u>본인의 인감증명서 첨부</u>
❋ 본인이 법인인 경우에는 주민등록번호란에 사업자등록번호를 기재

대전지방법원   귀중

▶ 위임장

이 머리를 맞대면 의외의 결과가 나오기도 하고 무엇보다 낙찰이든 패찰이든 마음의 부담이 적다. 또한 두 사람이 꼼꼼하게 확인하다 보니 금액에 동그라미 하나를 더 쓰는 엄청난 실수도 줄일 수 있다.

참고로 1억 원에 입찰하려 한 물건에 "0" 하나를 덜 써서 1,000만 원을 쓰면 최저매각 금액보다 적으므로 무효 처리가 되고 입찰보증금을 돌려받고 끝난다. 그나마 다행이다. 하지만 "0" 하나를 더 써서 10억 원이 되면 당연히 낙찰이 된다. 무려 9억 원이나 높게 썼으니 경쟁 상대가 있을 리 없다. 이 경우 입찰보증금 전액을 법원에서 몰수한다. 법원은 절차가 생명이다. 하지만 누구를 탓하랴 본인의 실수인데….

사건번호, 물건번호, 입찰자, 입찰 금액, 보증 금액 등 무엇 하나라도 잘못 기입하면 무효 처리되거나 원하지 않는 낙찰의 영광을 맞이하게 된다. 설마 이런 일이 있을까 싶겠지만 이런 웃지도 울지도 못할 실수가 왕왕 발생한다.

109쪽 표를 자세히 보자. 요즘말로 "심쿵" 그 자체다. 최저매각가격이 1억 9,250만 원인데 무려 20억 원이 넘는 금액으로 입찰했다. 다행히 불허가가 떨어지긴 했지만 얼마나 놀랐을까? 과연 이 사람이 부동산 경매를 계속 해나갈 수 있을까? 아마 한동안은 경매의 "경"자도 듣기 싫었을 것이다.

입찰가 산정은 아무리 훌륭한 멘토라도 금액까지는 조언하지 않는

2015타경		· 지방법원	· 매각기일:	(10:00) · 경매		
소재지						
새 주 소				도로명주소검색		
물건종별	아파트	감 정 가	275,000,000원	오늘조회: 1 2주누적: 2 2주평균: 0 조회동향		
대 지 권	67.61㎡(20.452평)	최 저 가	(70%) 192,500,000원	구분	입찰기일	최저매각가격	결과
				1차	2015-08-04	275,000,000원	유찰
				2차	2015-09-08	192,500,000원	낙찰
건물면적	124.188㎡(37.567평)	보 증 금	(10%) 19,250,000원	낙찰 2,056,000,333원(747.64%) / 3명 / 불허가		
				3차	2015-10-20	192,500,000원	
매각물건	토지·건물 일괄매각	소 유 자		낙찰: 240,000,000원 (87.27%)		
				(입찰5명, 낙찰:)		
개시결정	2015-01-13	채 무 자		매각결정기일: 2015.10.27 - 매각허가결정		
				대금지급기한: 2015.11.20		
사 건 명	임의경매	채 권 자		대금납부 2015.11.18 / 배당기일 2015.12.30		
				배당종결 2015.12.30		

▶ 입찰 금액을 잘못 쓴 경우

다. 물건의 입지와 수익성, 혹시 모를 위험이나 권리관계 정도의 조언을 해줄 뿐 낙찰 금액까지는 굳이 물어볼 필요도 없고 섣불리 말하지도 않는다.

"왜 이렇게 사람들이 많을까?" 경매 법정에 들어서면 항상 느끼는 감정이다. 내가 입찰하러 오는 날은 무조건 사람들이 북적거리는 것처럼 느껴진다. 이런 분위기에 휩쓸리다 보면 전날 작성한 입찰 금액에 살짝 불신이 생긴다. 과연 이 금액으로 가능할까? 사람들이 이렇게 많은데 조금 더 높일까? 오십만 원만 더 쓸까? 아니면 백만 원만 더 쓸까? 마음이 요동치기 시작한다. 하지만 고쳐 쓰는 순간 후회가 밀려올 수도 있다. 물론 고쳐 써서 좋은 결과로 이어질 수도 있겠지만 대부분이 "에이 그냥 놔둘걸" 하고 후회한다. 사람들이 아무리 많아도 절대 동요할 필요가 없다.

어차피 내가 입찰할 물건에 몇 명이나 들어올지도 미지수이지만 또 아무리 많은 입찰자가 몰린다 해도 항상 비슷한 선에서 결정이 나기 때문이다.

예를 들어 2억 원짜리 경매 물건이 한 번의 유찰로 30%가 떨어진 1억 4,000만 원에 경매가 진행된다고 치자. 그 물건에 10명이 입찰했다고 보면 7명은 1억 4,000에서 얼마를 더 써야 할까를 고민해서 입찰한 사람들이다. 애당초 경쟁 상대가 아니란 소리다. 나를 포함한 나머지 3명 정도만 2억에서 얼마나 떨어뜨려야 할까를 고민해 입찰한다. 당초 7명은 그저 북적이는 사람들일 뿐 경쟁 상대는 2~3명에 불과하다. 그러므로 경매 법정을 가득 메운 사람 수 때문에 일희일비一喜一悲할 필요가 없다. 갈대처럼 변덕스러운 나도 입찰 직전까지 아내와 문자를 주고받으며 입찰 금액을 조율하곤 하지만 역시나 아내의 뚝심이 항상 바른길로 인도했다.

내가 지금 살고 있는 이 집도 20여만 원 차이로 짜릿하게 낙찰받은 집이다. 잘 살고 있다. 이때도 나는 사람들이 너무 많이 입찰할 것 같으니 100만 원 정도만 더 쓰자는 문자를 주고받았는데 그냥 마음 편하게 지난밤에 정한 금액 그대로 가자는 아내의 조언을 따랐다. 떨어지면 우리와 인연이 아니다 생각하고 그냥 그 금액에 입찰했다. 결과적으로 20여만 원 차이로 낙찰을 받는 짜릿한 쾌감을 맛볼 수 있었다. 현재 우리 네 식구가 살고 있는 이 집은 9명이 입찰했고 정확히

258,000원 차이로 1등의 영광을 거머쥐었다. "여보 당신의 뚝심이 나라를 구했구려." 나의 농담에 아내는 머쓱해했다. 충분히 고민해서 미리 정한 입찰 금액인 만큼 주변 상황에 휘둘리지 말고 밀고 나가길 권한다.

몇 가지 낙찰 성공률을 높일 수 있는 비법을 소개해보겠다. 눈이 번쩍 뜨이는가? 이미 다른 책에서 많이 언급된 부분이기도 하지만 나도 적극 공감한다.

❶ 민속 명절 연휴 사이에 있는 평일에 매각기일이 잡힌 경우
❷ 여름휴가 성수기 기간에 매각기일이 있는 경우
❸ 폭설이나 장마로 인해 교통대란이 생기는 경우
❹ 천안함 사건 등 남북 긴장관계가 발생한 경우

―김덕문, 『나는 청개구리 경매로 집 400채를 돈 없이 샀다』 중에서

과연 이런 경우 입찰하면 낙찰의 확률이 높아질까? 낙찰을 위해서라면 실낱같은 가능성이라도 우리는 잡아야 한다. 나도 입찰 전날 내일 비나 왕창 내려라 하고 마음속으로 빌어본 적이 있다. 명절에 친지들 한 번 못 뵙고 여름휴가 한 번 미뤄서 낙찰이라는 영광을 얻을 수만 있다면 얼마든지 도전해볼 만한 방법이다. 그렇다 해도 철저한 시세파악과 입찰 금액 산출로 낙찰의 확률을 더 높이는 편이 훨씬 빠

를 것 같다.

입찰은 언제나 가슴 떨린다. 그동안 공들였던 노력의 결과가 낙찰과 패찰의 형태로 가장 극명하게 나타나는 순간이기 때문이다. 결과가 항상 좋을 수는 없겠지만 분명한 것은 현장의 경험과 데이터가 남는다는 점이다. 집행관의 도장이 찍힌 입찰자용 수취증을 받아보면 만감이 교차한다. 첫 입찰의 경우 내가 드디어 사고를 치는구나, 무슨 짓을 한 거지?, 진짜 낙찰받으면 어떡하지?, 명도는 할 수 있을까?, 오만가지 복잡한 생각을 하며 오히려 패찰이 되기를 간절히 기도하는 아이러니한 자신을 발견하기도 한다. 내가 처음 입찰했을 때 15명이 참가했다. 개찰하기 전까지 마음속으로 정말 두려웠다. 괜한 짓을 한 것은 아닌지 두려움과 후회가 엄습했다. 명도는 절대 할 수 없을 것 같았다. 나 또한 제발 패찰되기를 간절히 기도했다. 그 정성이 하늘에 닿았는지 15명 중 12등인가 해서 패찰되었다. 이렇듯 부동산 경매를 통해 원하는 부동산을 취득하기란 결코 만만한 일이 아니다. 순간순간 사람의 마음이 천 번도 더 왔다 갔다 한다. 하지만 우리는 낙찰을 향해 쉼 없이 달려야 한다. 거기에 우리의 희망이 있다.

한 줄 팩트체크

- ✅ 입찰은 계산기로만 두드려왔던 자금을 직접 만지는 시기다.
- ✅ 입찰 전 해당 법원을 방문하거나 위치를 미리 파악해놓는다.
- ✅ 대출 중개인들이 나눠주는 명함도 챙겨 오면 나중에 상담하기에 좋다.
- ✅ 입찰 당일 해당 물건이 진행되는지를 우선 살핀다.
- ✅ 기일입찰표 작성을 꼼꼼히 한다. 입찰보증금이 날아갈 수도 있다.
- ✅ 입찰은 본인 입찰, 대리 입찰, 공동 입찰 모두 허용된다.
- ✅ 입찰 시에는 신분증, 도장, 입찰보증금을 지참한다.
- ✅ "0" 하나가 운명을 좌우한다. 입찰 금액은 확인에 확인을 거듭하자.
- ✅ 낙찰의 확률을 높이기 위해 특정한 날을 선택하는 것도 방법이다.
- ✅ 낙찰되는 순간 환희와 명도의 부담감이 동시에 밀려온다.

4단계
드디어 **낙찰**이다

"사건번호 ○○○○타경○○○○에 대하여 서현관 씨가 최고가매수신고인이 되었습니다. 2위 하신 분 차순위매수신고 하시겠습니까?"

그해 12월 어느 날 경매 법정은 정말 많은 사람들로 북적였다. 그날 따라 유난히 더 많은 사람들이 운집한 듯했다. 밖은 상당히 추웠으나 법정 안은 열기로 후끈했다. 법정 안 유리에 성에가 맺혀 굵은 물방울이 되어 주르륵 흘러내렸다. 제각기 저마다의 다양한 사정을 가지고 이곳에 모였으리라 생각되었다. 드디어 입찰이 마감되었고 이어서 집행관의 개찰 발표가 시작되었다. 그 많은 사람이 마치 아무도 없는 것처럼 일순간 조용해졌다. 해당 사건들의 결과가 하나씩 발표될 때마다 여기저기에서 얕은 탄식과 환호가 흘러나왔다. 희로애락이 교차

하는 모습이 매순간 연출되었다. 다양한 인간군상의 모습을 볼 수 있었다. 드디어 내가 입찰한 사건에 대하여 집행관의 발표가 시작되었다. "많이도 들어왔네." 9명이 입찰했다는 발표가 있을 때만 해도 약간은 어렵겠다는 생각을 했다. 하지만 집행관은 고맙게도 나의 이름을 불러주었다.

나는 마치 학창시절 선생님의 호명을 받은 학생마냥 손을 번쩍 들며 "네" 하고 벌떡 일어섰다. 당시 법정에서 거의 정중앙에 앉아 있었는데 파란색 패딩점퍼를 입고 있었으므로 한눈에 확 띄었으리라. 모든 사람이 쳐다보는 듯했다. 지금 생각해도 얼굴이 화끈거린다. 그 순간은 낙찰이라는 한마디에 아무 생각도 없었다. 얼떨떨하면서도 당당하게 앞으로 나가 입찰보증금 보관증을 받았다. 대출 중개인 아주머니들의 명함 세례를 받으며 법원을 빠져나왔다. 그리고 아내에게 가장 먼저 전화를 했다. "여보 저녁에 술 한잔 할까?"

낙찰을 받았을 때의 기쁨은 손에 꼽을 정도로 살면서 느낄 수 있는 기분 좋은 경험이다. 낙찰이라는 7부 능선은 넘었지만 앞으로 넘어야 할 능선이 켜켜이 쌓여 있다. 생전 처음 받아보는 다양한 우편물들이 법원으로부터 날아올 것이다. 잔금 납부를 위해 금융권을 바쁘게 다녀야 할 것이다. 법무사 비용 등 소유권 이전 관련 절차와 세금 관계도 좀 더 분명하게 계산해야 할 것이며 무엇보다 명도라는 제일 힘겨운 능선이 떡 버티고 있다.

이러나저러나 경매 법정에서 내 이름이 호명되었다. 이제 낙찰자가 되었다. 주체할 수 없는 흥분과 짜릿함을 즐겨보자. 그리고 다음 날부터 또다시 전투모드로 들어가자. 일단 명도는 제쳐두더라도 소유권이전까지 대략 50여 일이 소요된다. 과연 어떤 절차가 있는지 차근차근 알아보자.

나는 낙찰자다

오매불망 기다리고 염원하던 낙찰자가 되었다. 물건 검색에서 현장조사와 권리분석 등 그동안 심혈을 기울였던 노고의 결과가 나온 것이다. 낙찰자를 경락인 혹은 최고가매수신고인이라 한다. 그 사건에 대하여 가장 높은 가격을 써낸 사람을 말한다. 부동산 경매는 오직 1등 한 명에게만 기회가 허락되는 냉정한 게임이자 가장 공정한 게임이다. 하지만 현행 경매제도에서는 차순위매수신고도 할 수 있다. 차순위매수신고란 아깝게 2등으로 떨어졌으나 최고가매수신고인이 혹시 개인 사정으로 인하여 낙찰이 불허가 되거나 잔금을 미납하게 되면 다시 입찰을 실시하지 않고 차순위매수신고인에게 낙찰이 허가되는 것이다. 차순위매수신고인 제도를 만든 취지는 최고가매수신고인이 불허가나 미납인 경우 재매각의 절차로 인해 경매가 지연되는 것을 미연에 방지하기 위해서다. 그러므로 최고가매수신고인이 잔금을 완납하기 전까지 차순위매수신고인은 입찰보증금을 찾아갈 수 없다. 행운을 기대하고 차순위매수신고를 했다가 내 투자자금이 일시적으로 묶일 수도 있음을 염두에 두어야 한다.

그러면 아무나 차순위매수신고인이 될 수 있는 걸까? 차순위매수신고는 그 신고 금액이 최고가매수신고액(낙찰가)에서 그날 입찰보증금을 뺀 금액 이상일 때만 해당된다. 예를 들어보자.

> **예** 최저매각 금액이 1억 원이라고 하면
> 1위 — 1억 3,000만 원(최고가매수신고인)
> 2위 — 1억 2,500만 원
> 3위 — 1억 1,900만 원

이 경우 최저매각 금액이 1억 원이므로 입찰보증금은 10%인 1,000만 원이 된다. 차순위매수신고인이 될 수 있는 자격은 최고가매수신고인의 금액에서 입찰보증금 1,000만 원을 제한 금액, 즉 1억 2,000만원이 된다. 그러므로 2위 응찰자는 이 금액보다 높게 응찰했으므로 차순위매수신고인의 자격이 주어진다. 3위는 기준 금액보다 적으므로 아쉽지만 차순위매수신고인의 자격이 없다. 간혹 차순위매수신고인은 2등에 한해서 무조건 신청할 수 있는 걸로 알고 있는 이가 있는

데 이는 착오다. 경매 현장에서 이런 사람을 만나면 그냥 한 번 씨익 웃어주면 된다.

그러면 과연 차순위매수신고인에게 행운이 돌아가는 경우는 얼마나 될까? 극히 드물다. 낙찰자도 얼마나 공을 들인 물건인데 이 물건의 잔금을 미납하겠는가?

🏠 소유권 이전은 언제 하나요?

낙찰을 받은 후 진행 순서는 다음과 같다.

❶ 매각 허가 결정(매각기일 1주일 후)
❷ 매각 허가 결정 확정(매각 허가 결정 1주일 후)
❸ 대금 지급기한 지정 및 통보
❹ 대금 납부(소유권 취득)
❺ 소유권 이전 등기(등록) 촉탁 신청

대개 1주일 후 매각 허가 결정이 떨어진다. 이 기간 중에 이해관계인들은 매각 허가에 대한 이의를 제기할 수 있다. 이때 합당하게 이의가 받아들여지면 매각 불허가가 된다. 이 경우 낙찰자는 입찰보증금을 돌려받으므로 금전적으로 손해 볼 건 없지만 그동안 들인 노력이나 낙찰의 환희가 허망하게 날아가버리는 결과가 되고 만다. 여기서 이해관계인이란 사건에 대하여 직접 혹은 간접적으로 관련되어 있거나 거기에 따른 이익이나 권리에 영향을 받는 사람을 뜻한다. 즉 채무자, 채권자, 임차인 등이며 낙찰자도 이해관계인에 해당된다. 이의를 제기하는 사람이 없을 경우 매각 허가 결정이 나고 또 1주일이 지나면 매각 허가 결정이 확정된다. 이후 3~4일 이내에 잔금 납부일이 정해지고 대략 한 달 이내로 잔금을 납부하면 된다. 매수인은 낙찰대금을 납부하면 소유권 이전 등기 여부와 상관없이 낙찰 대상 부동산의 소유권을 취득하게 된다.

민사집행법 제135조(소유권의 취득시기)
매수인은 매각대금을 다 낸 때에 매각의 목적인 권리를 취득한다.

하지만 소유권 이전 등기(등록)를 하지 않으면 처분할 수 없다.

민법 제187조(등기를 요하지 아니하는 부동산물권취득)
상속, 공용징수, 판결, 경매 기타 법률의 규정에 의한 부동산에 관한 물권의 취득은 등기를 요하지 아니한다. 그러나 등기를 하지 아니하면 이를 처분하지 못한다.

소유권 이전 등기는 법원에 소유권 이전 등기에 필요한 서류를 갖추어 신청하면 경매 법원이 등기소에 촉탁하게 된다. 대부분 대출하는 과정에서 보통 법무사를 통해 처리하므로 자세히 알지는 못한다. 금융기관에서 대출받을 때 필요한 서류만 가져다주면 법무사사무소에서 알아서 등기를 해준다. 대출 업무와 등기 촉탁 업무를 법무사에게 맡길 경우 등기 촉탁 비용, 근저당 설정 비용, 그리고 보수와 수수료 등을 포함한 법무 비용 등이 발생한다. 그러므로 법무사사무소별 보수 및 수수료도 꼼꼼히 따져볼 필요가 있다.

아파트는 대개 70~80%까지 경락 잔금 대출이 가능하다. 하지만 유치권 등이 신고된 특수물건이거나 배당받지 못하는 선순위 임차인이 있을 경우 대출이 어려울 수도 있으며 금리변동이나 부동산시책 등 정부의 정책에 따라 한도와 상환 방법, 이율 등이 달라질 수 있다. 또한 1금융권과 2금융권, 고정금리와 변동금리, 조기상환 수수료 등의 조건들도 잘 따져보아야 한다.

최고가매수신고인은 낙찰을 받고 대금을 완납한 후 소유권 이전 등기를 마쳐야지만 비로소 법적인 소유권을 행사할 수 있다. 또한 등기를 통해서만 소유권을 대외적으로 주장할 수 있으며 무엇보다 소유권의 절대원칙에 의거 소유물을 자유로이 사용하거나 처분할 수 있는 권한을 가질 수 있다.

마지막으로 낙찰자는 건물을 인도받아야 한다. 원만한 합의를 통해 인도받을 수 있으면 좋겠지만 때로는 강제집행 등 법적인 절차를 통한 인도가 필요할 수도 있다. 부동산을 인도받아야 완전한 권리행사를 할 수 있다.

부동산을 취득할 때 과연 어떤 세금을 얼마나 납부하는 걸까? 경매라고 하여 일반 매매와 다를 바 없이 세법에서는 일반 세법과 동일하게 취급한다. 세금은 취득세, 농어촌특별세, 지방교육세를 납부하여야 하며 세율은 정부 정책에 따라 가변적이므로 그때그때 확인해야 한다. 카드로 세금을 납부할 수도 있다.

아래쪽 표대로라면 만약 85㎡ 이하의 부동산을 2억에 취득했을 경우 1.1%의 세율을 적용받으므로 220만원의 세금을 납부하게 된다. 또한 주택을 취득할 때는 국민주택채권을 의무적으로 매입해야 한다. 국민주택채권은 매입 후 보관해도 되지만 대개가 매입 후 바로 할인해서 매도한다. 할인율은 매일 약간씩 차이가 있다.

구분		취득세	농특세	교육세	합계
6억 이하	85㎡ 이하	1%	비과세	0.1%	1.1%
	85㎡ 초과	1%	0.2%	0.1%	1.3%
6억 초과 9억 이하	85㎡ 이하	2%	비과세	0.2%	2.2%
	85㎡ 초과	2%	0.2%	0.2%	2.4%
9억 초과	85㎡ 이하	3%	비과세	0.3%	3.3%
	85㎡ 초과	3%	0.2%	0.3%	3.5%

▶2016년 현행 부동산 취득세율

마지막으로 미납 관리비나 공과금 등에도 비용이 지출된다. 물론 현장조사 단계에서 어느 정도 감안해서 입찰가를 산정해야 하며 미납 관리비와 공과금 등은 명도할 때 결정적 협상카드로 사용할 수도 있다. 참고로 미납 관리비는 공용부분은 낙찰자가 납부하되 전유부분은 낙찰자가 납부하지 않아도 된다고 되어 있다. 하지만 과연 그럴까? 이 부분은 명도 부분에서 자세히 설명하겠다.

　운이라도 좋고 실력이라도 좋다. 우리는 우여곡절 끝에 드디어 낙찰이라는 영광을 맛보았다. 생전 처음 법원에서 여러 가지 우편물들을 받아보았을 것이고 대출계 직원들과도 친해졌을 것이다. 본인의 이름이 적힌 등기부등본을 보며 뿌듯했을 것이며 세금과 수수료 명세서를 받아보고 남몰래 계산기를 두드려보았을 것이다.

　이젠 점유자를 만나자. 원만한 협상에 의한 무혈입성이건 법적 절차를 밟아야 하는 유혈입성이건 부동산 경매를 시작하고 서류에서만 보고 상상해왔던 진짜 사람을 만날 차례다. 준비되었는가?

한 줄 팩트체크

- ✅ 낙찰이란 살면서 느끼는 몇 안 되는 기분 좋은 경험이다.
- ✅ 낙찰자를 경락인 혹은 최고가매수신고인이라 한다.
- ✅ 차순위자는 자격조건이 맞으면 차순위매수신고를 할 수 있다.
- ✅ 대금 완납과 소유권 이전 등기를 마쳐야 소유권을 행사할 수 있다.
- ✅ 경매도 일반 매매와 다를 바 없이 일반 세법과 동일하게 취급한다.
- ✅ 미납 관리비나 공과금 등은 입찰 단계에서 감안하고 입찰해야 한다.

5단계
두려움 없이 **명도**

　내가 떨리는 만큼 그도 떨리고 내가 느끼는 두려움만큼 그도 두려움을 느낄 것이다. 부동산 경매를 하는 사람 대부분은 명도를 힘들어 한다. 명도의 경험이 많은 소위 고수라 하더라도 명도는 여전히 껄끄러운 일이다. 하물며 경험이 없는 초보자라면 엄청난 두려움을 느낀다.

　"두려운 생각은 문제를 만들어내거나 끌어당기고 건설적이고 긍정적인 생각은 긍정적인 결과를 끌어당긴다. 생각의 성격과 관계없이 결과는 그 생각대로 만들어진다."

　클로드 브리스톨의 말처럼 우리는 단지 명도를 행함에 그 생각대로 만들어진다는 굳건한 믿음으로 임하면 된다. 반드시 그 생각대로 만

들어진다는 것을 염두에 두고 당당히 임하자. 어차피 한 번은 겪어야 할 일이다. 명도는 서류를 놓고 권리관계를 다투는 것이 아니라 소유권 이전 절차 이후 직접적으로 사람과 사람이 대면하는 일이기에 더욱 힘이 든다.

역지사지易地思之라고 했다. 반대로 생각해보자. 내가 집주인이건 아니면 임차인이건 오늘 이 집이 법원에서 경매에 부쳐져 빠르면 오늘 저녁에 낙찰자라는 사람이 찾아올지도 모를 일이고 길어야 한 달 정도 뒤에는 반드시 찾아올 것이다. 과연 어떤 사람이 초인종을 누를지 초조하고 힘겨운 하루하루가 이어진다. 또한 명백한 사실 한 가지는 조만간 이사를 가야 한다는 것이다. 더 이상은 소유자나 임차인이 아닌 점유자로 신분이 바뀌는 순간이기도 하다.

낙찰자가 잔금 납부 등 소유권 이전 절차를 완료하면 점유자 앞에는 "불법" 내지 "무단"이라는 단어 하나가 더 붙는다. 그동안 참 열심히 살아왔는데 회한이 밀려올 것이다. 부동산 경매로 인해 가족들의 보금자리를 잃는다는 사실 하나만으로도 엄청난 스트레스일 것이다. 명도를 당하는 입장에서 과연 점유자가 낙찰자에게 바라는 것은 무엇일까? 따뜻한 마음? 혹은 배려심이나 넓은 아량일까?

아무것도 아니다. 그냥 돈이다. 내 생각이 너무 냉정한가? 하긴 어느 책에서도 명도에 대해 이런 식으로 돌직구를 날리진 않을 것이다. 간혹 돈보다도 자존심을 챙기느라 점유자가 서둘러 명도를 해줘 쉽게 해결되는 경우도 있고 수능을 앞둔 수험생이나 병자가 있어 명도가 지연되는 경우도 있다. 하지만 대부분 명도는 한마디로 금액을 놓고 벌이는 협상이다.

"점유자를 만날 때 우선 그의 이야기를 충분히 들어주고 점유자의 입장에서 그를 이해하려고 노력해야 한다."

내가 그동안 읽은 경매 책 가운데 명도를 설명할 때 거의 빠지지 않고 등장하는 단골 문장이다. 틀린 이야기도, 잘못된 말도 아니지만 현실은 상당히 달랐다. 요즘은 점유자들도 경매에 대한 지식을 어느 정도 숙지하고 있거나 주변의 조력자들로부터 충분한 조언을 얻어 본인이 억지를 부려봐야 별 수 없다는 점을 잘 알고 있다. 이렇게 어느 정도 지식이 있거나 조언자가 있는 점유자는 오히려 상대하기가 편하다. 말이 통하기 때문에 서로의 감정조절만 잘하면 쉽게 해결될 수도 있다. 내가 직간접적으로 경험한 점유자의 유형을 보면 사회고위층이나 학자, 교수 등 이른바 많이 배운 사람들일 경우 명도가 의외로 쉽다. 이들은 자존심이 생명만큼 중요한 사람들이다. 내 집이 경매로 넘어갔다는 사실이 동네에 알려지는 것을 두려워한다. 그래서 낙찰자가 찾아오는 것도 싫어한다. 언제 이사할 테니 자꾸 전화도 하지 말라고 한다. 가보면 진짜 이사 가고 없다.

한편 다짜고짜 소리 지르고 육두문자 날리는 사람은 거의 제풀에 나가떨어진다. 테니스공 튕기듯 낙찰자가 바로바로 반응을 해주기를 바라는데 시큰둥하게 별 반응하지 않다가 법적 절차를 일목요연하게 적은 내용증명 한 통 띄우면 거의 연락이 온다. 경매 현장에서 만나기 힘든 유형은 아주 예의 바르고 공손한 사람이다. 없다고 봐도 무방하다. 눈물 흘리며 구구절절 자기 이야기만 하는 사람, 처음엔 친절하다가 본론으로 들어가 이사나 돈 이야기가 나오면 갑자기 돌변하는 사람 등 다양한 유형의 사람을 만나게 된다.

그나마 만날 사람이 있다는 건 다행이다. 문도 잠겨 있고 연락도 안 되면 정말 골치 아파진다. 이런 경우를 "폐문부재"라고 하는데 말 그대로 문은 잠겨 있고 사람은 없다는 뜻이다. 지지든 볶든 대상이 있어야 하는데 허공에 대고 명도를 할 수도 없고 참으로 답답하다. 관리사무소나 해당 초소의 경비원들에게 물어보거나 주변 이웃들에게도 이 집에 사람이 언제까지 살았는지 백방으로 물어보자. 전기나 가스 등 사용 내역이 있는지도 확인해보자. 수소문해도 연락이 되지 않거나 집에 사람이 없음이 확실하게 느껴지면, 즉 폐문부재가 확실시되면 빠르게 강제집행 신청 절차에 들어간다.

폐문부재의 경우 개문하고 들어가보면 짐이 그대로인 경우, 짐이 몽땅 빠지고 휑한 경우, 이사를 한 것도 아니고 안한 것도 아니고 짐이 애매하게 남아 있는 경우가 있다. 부재중인 점유자도 채권자에게 시달리다가 집이 경매로 넘어가버리니 야반도주 해버린 경우도 있고 나쁜 의도를 가지고 낙찰자에게 이사비 등을 요구하기 위해 어설프게 물건 몇 가지를 남겨놓고 점유를 주장하는 이도 있다.

빈집으로 유추되더라도 어설프게 문을 따고 들어가면 안 된다. 성인 2명을 대동하고 내부 사정을 촬영해두면 된다는 식으로 말하는 이도 있는데 비록 본인 소유로 등기를 했어도 주거침입에 대한 책임을 질 수도 있다. 그러므로 정해진 법적 절차에 따라 인도 명령을 신청하고 꼭 집행관과 함께 행동해야 한다. 비록 비용이나 시간이 들긴 하지만 가장 정확하고 정상적인 방법을 통하는 것이 훗날을 생각하면 여로모로 좋다.

명도! 권리분석에 답이 있다

권리분석 단계에서 명도의 난이도를 어느 정도 가늠할 수 있다. 등기부등본상 카드 압류 등 자잘한 압류가 많은 집은 명도하기가 어렵다. 오죽하면 카드가 연체되어 압류가 들어왔겠는가. 사업상 누수를 메우기 위함도 있었겠지만 대부분은 생활비를 감당하지 못해 얼마 되지도 않은 금액을 소위 돌려막기 했을 가능성이 크다. 즉 생계형 압류인 셈이다. 점유자의 히스토리가 뻔히 보인다. 이런 사람은 진짜 돈이 없는 경우가 많다. 그러므로 말 그대로 돈이 필요하다. 명도에 시간이 오래 걸릴 수도 있고 감정싸움이 길어질 수도 있다.

개인 재산에 압류가 많이 걸려 있어도 힘들다. 마지막 코너까지 몰려 카드로 돌려막다가 지인의 돈까지 가져다 쓴 결과다. 이런 경우 십중팔구 명도가 힘들다. 점유자는 돈 때문에 극심한 고통과 스트레스를 겪고 있는 상황이므로 낙찰자를 화풀이 대상으로 삼는 경우가 많다. 이런 부분은 애초 권리분석 단계에서 충분히 가늠할 수 있으므로 주의해서 살펴본다.

또 점유자가 소유자가 아니라 임차인이라면 임대보증금 배당 여부에 따라 명도의 난이도가 정해진다. 주택임대차보호법의 적용을 받는 소액 임차인인지, 대항력을 갖춘 그나마 편안한 임차인인지, 아무것도 보상받지 못하는 임차인인지 미리 알아두면 입찰 전 명도를 미리 예상해볼 수 있다.

혹시 큰 금액의 근저당 한 건이 설정되어 있는가? 자잘한 가압류 등이 줄줄이 설정되어 있는가? 점유자가 소유자인가? 임차인인가? 권리분석 단계에서 충분히 파악하고 미리 마음의 준비를 할 수 있는 부분이다.

또 경매 물건 중에 유달리 변경이 많이 된 물건이 있다. 나는 이런 물건을 선호한다. 변경이란 경매 절차 진행 도중 새로운 사항이 추가되거나 매각 조건이 변경되는 등 권리관계가 변동되어 법원이 지정한 입찰기일에 경매를 진행할 수 없을 때 담당 재판부 직권으로 입찰기일을 변경하는 것이다.

매각 조건이나 권리관계의 변동에 대한 이유는 다양하겠지만 부동산 경매에서 변경이란 거의 채무자가 채권자에게 연체 이자나 원금을 일부 변제하여 채권 청산 의지를 보일 때나 채권자와 합의하에 채무자나 이해관계자, 소유자가 매각기일을 연기하겠다고 신청하는 것을 말한다. 채무를 청산할 시간을 벌어주는 셈이다. 변경이 입찰자에게는 다소 아쉽겠지만 채무자 입장에서는 일정 기간만큼이라도 자신의 부동산을 지켜낸 것이므로 다행스러운 일이다. 내가 주목하던 물건이 몇 번 변경 끝에 결국 취하된 적이 있었다. 관심을 둔 물건이라 많이 안타까웠지만 결국엔 부동산을 지켜냈구나 싶어 안도했던 기억이 있다. 변경이 많다는 것은 점유자가 소유 부동산에 대한 애착이 강하다는 반증일 것이다. 그리고 채무를 변제하기 위한 의지도 강하고 금전적인 여유가 전혀 없는 사람이 아니라 어느 정도 있는 사람이다. 이런 경우 명도가 의외로 쉬울 수도 있다. 자존심이 강한 스타일이므로 별 저항 없이 이사에 합의하거나 의외로 임대차 계약을 할 수도 있다.

구분	입찰기일	최저매각가격	결과
1차	2016-05-17	644,000,000원	유찰
	2016-06-21	450,800,000원	변경
	2016-09-06	450,800,000원	변경
	2016-11-22	450,800,000원	변경
2차	2017-03-14	450,800,000원	

오늘조회: 51 2주누적: 370 2주평균: 26 조회동향

▶ 매각기일 변경

🏠 나의 협상카드는 무엇인가?

점유자를 만나기에 앞서 자문해보자. 내가 가진 협상카드는 과연 무엇인가? 어떤 방법으로 점유자보다 우위를 점할 수 있는가?

이사비나 체납 관리비, 각종 연체 공과금 등은 유일한 협상카드다. 하지만 강제집행이라는 법적 절차도 염두에 두고 당근과 채찍을 적절하게 이용한다. 일단 점유자를 대할 때는 항상 예의 있고 정중한 태도를 갖는다. 하지만 절대 만만하게 보여서는 곤란하다. 점유자는 때때로 한계를 넘어서는 요구를 할 때도 있다. 이때 단호하게 본인의 뜻을 전할 수 있어야 한다. 끌려다니면 안 된다. 협상의 주도권은 낙찰자가 쥐고 있다는 인상을 심어주어 점유자가 압박감을 느낄 수 있어야 한다.

언제 점유자를 만나는 것이 좋을까? 그 시점에 대해서 의견이 분분하다. 낙찰받은 날 바로 찾아가 이사를 물어보는 사람도 있고 며칠 뒤에 찾아가는 사람도 있고 소유권 이전 이후에 찾아가는 사람도 있다. 나는 잔금 납부와 등기부등본상의 소유권 이전까지 완벽하게 이전한 후 점유자와 접촉하는 편이다. 점유자를 어느 시기에 어떤 방법으로 접촉하는지에 대해 정해진 규칙은 없다. 혹자는 잔금 납부 이전에 찾아가 집의 상태를 확인하고 치명적인 결함이 발견되면 그것을 이유로 매각 불허가 신청을 한다고도 한다. 가능한 말이지만 불허가의 인용 여부는 법원의 몫이다. 점유자를 만나는 이유나 시기는 낙찰자 스타일대로 하면 된다.

간혹 범하지 말아야 할 실수를 저지르는 경우가 있다. 점유자를 만나러 갔다가 못 만났을 때 낙찰자이니 연락을 달라는 메모를 문 앞에 붙여놓거나 우편함에 넣고 오는 경우다. 이 집이 경매로 넘어갔다고 온 동네에 광고하는 것과 같다. 점유자 대부분은 자기 집이 경매에 넘어간 사실을 이웃이 아는 것을 극도로 싫어한다. 경매로 집을 잃은 것도 속상한데 낙찰자가 온 동네에 광고를 해버렸으니 얼마나 분노할 일인가. 자칫 이런 사소한 행동 하나로 인해 명도를 그르칠 수 있다. 점유자는 당연히 낙찰자에게 반감을 넘어서 분노가 작용한다. 명도의 난도가 올라간다. 나는 혹시 점유자를 못 만날 경우를 대비해 "낙찰자입니다. 연락 한번 주세요"라는 짧은 메모와 전화번호를 함께 적어 밀봉한 편지 봉투를 가지고 다닌다. 아주 작은 배려 하나가 엄청난 결과로 이어질 수 있다.

"선무당이 사람 잡는다"라는 말이 있다. 알고 보면 무서운 말이다. 간혹 주변의 잘못된 조력자로부터 무조건 버티면 더 많은 보상을 받는다는 식의 조언을 듣고 버티기 일색으로 나오는 점유자가 있다. 실제 아무것도 얻지 못한다. 이 경우 점유자에게 잘못된 조언에 따라 행동하고 있으며 조력자는 아무것도 책임져 주지 않는다는 사실을 인지시켜야 한다. 이러나저러나 점유자는 이사를 갈 수밖에 없다는 사실을 단호하게 알려주어야 한다. 몇 번을 접촉했지만 아무런 진전이 없다면 가처분이나 강제집행 등의 내용을 담아 내용증명을 보내는 것도 좋은 방법이다. 말은 내뱉고 나면 휘발되지만 문서는 남는다. 게다가 조력자도 그 내용을 보게 될 가능성이 커서 가장 강력한 압박 수단이 된다. 무단점유라는 사실을 인지시키고 손해배상청구를 하겠다는 내용을 여러 증거를 통해 정확한 법리해석을 담아 보낸다. 상대방이 관련 법규에 능통한 사람이라는 전제하에 꼼꼼하게 작성한다. 대충 지어내거나 얕은 지식으로 썼다가는 오히려 역풍을 맞을 수도 있다. 누가 보더라도 법적으로 도저히 방법이 없으며 본인의 점유가 정당하지 않다는 사실을 명확히 인지시킨다.

대부분의 경매 책에 보면 잔금 납부와 동시에 인도명령 신청을 하는 것이 좋다고 쓰여 있다. 나는 생각이 좀 다르다. 인도명령 신청을 하더라도 선별적으로 해야 한다. 무조건 잔금 납부 시 인도명령 신청을 할 필요는 없다. 왜 그럴까? 인도명령이 무언지에 대한 정확한 개념부터 알아보자. 인도명령은 경매 물건을 낙찰받은 후 법원이 채무자나 현재 점유자에게 하는 명령이다. 즉 낙찰자가 왈가왈부할 필요 없이 "이 집을 낙찰받은 사람이 대금을 완납하고 소유권을 이전했으니 해당 부동산을 낙찰자에게 인도해주시오"라고 법원이 점유자에게 명령하는 것이다.

법원에서 보낸 인도명령 결정문을 받은 점유자는 엄청난 압박감을 느낄 것이다. 낙찰자 입장에서는 일단 한 방 먹인 셈이므로 명도에 유리한 고지를 점령하게 된다. 또한 인도명령은 강제집행으로 가는 전 단계 성격을 띰으로써 그 사실을 아는 점유자에게는 엄청난 스트레스로 작용한다. 하지만 앞서 말했듯이 굳이 인도명령 신청을 하지 않아도 되는 경우이거나 아예 인도명령 신청을 할 수 없는 경우도 있다. 전액 배당을 받는 대항력 있는 임차인이거나 주택임대차보호법상 소액 임차인에 해당하는 사람, 잔금 완납 전에 충분히 이야기가 되어 이사 날짜를 약속 받은 점유자 등은 굳이 인도명령 신청을 할 필요가 없다. 그러므로 잔금 납부와 동시에 인도명령 신청이라는 공식은 항상 옳은 것은 아니다.

하지만 아직 점유자와 접촉이 없었다거나 이사 날짜를 약속했지만 믿음이 안 생긴다면 인도명령 신청을 하는 것이 유리하다. 점유자를 만나기 전 법원의 명령이라는 강력한 협상카드 한 장을 쥐는 결과가 된다.

체납 관리비도 협상카드가 될 수 있다. 하지만 우리가 알아야 할 것은 이론과 현실은 다르다는 점이다. 절대 책에서 배운 지식이 현장에 그대로 적용되는 예는 드물다. 대개 체납 관리비는 공용부분(청소비, 오물수거비, 소독비, 승강기 유지비, 공용부분 난방비, 공용부분 급탕비, 수선 유지비)과, 전유부분(전기료, 수도료, 하수도료, 세대 난방비, 급탕료, TV 수신료)으로 나뉜다. 공용부분은 낙찰자가, 전유부분은 점유자가 납부한다는 판례가 있다. 하지만 현실은 그렇지 않다. 관리소장과 원활한 해결이 안 되면 승강기를 차단한다거나 경비원들을 동원해 명도를 방해하는 등 난감한 상황이 연출된다. 이 경우 방법은 두 가지 정도가 아닐까 싶다. 업무방해를 이유로 경찰에 신고하거나 아깝지만 체납 관리비를 완납할 수밖에 없다. 나도 이런 경우를 당해봤는데 눈물을 머금고 체납 관리비를 납부할 수밖에 없었다. 그러므로 입찰 단계에서부터 체납 관리비는 이론과는 다르게 간다는 전제하에 어느 정도 감안하고 낙찰가를 산정한다. 관리소장이랑 야무지게 한판 붙어보지만 결국엔 낙찰자가 납부해야 할 경우를 항상 염두에 두어야 한다.

하지만 체납 관리비를 해결함으로써 점유자에게 줄 이사비를 생략하거나 줄일 수 있는 협상카드로 제시할 수 있다.

다시 한 번 말하지만 현장조사 단계에서 체납 관리비는 일단 낙찰자가 안고 가야 한다는 생각으로 임한다. 물론 관리 주체를 상대로 할 수 있는 모든 방법을 동원해 힘겨루기를 해볼 필요는 있겠지만 이런 이유로 명도가 차일피일 미뤄지면 낙찰자가 가장 큰 타격을 입는다. 낙찰자에게 시간은 곧 수익이다. 명도 시 제시할 수 있는 든든한 협상카드이긴 하지만 낙찰자의 발목을 잡을 수도 있는 자충수임을 명심하자.

🏠 강제집행 하는 방법

　강제집행은 국가권력에 의해 강제적으로 실현하는 법적 절차를 의미한다. "강제"라는 뉘앙스부터가 그리 유쾌하진 않지만 그래도 엄연히 법의 테두리 안에서 행해지는 법적 절차다. 혹자는 강제집행에 대해 상당히 부정적인 견해를 보이기도 하지만 그렇다고 명도를 너무 감상적으로 접근하면 곤란하다. 나도 아직 강제집행을 해본 적은 없지만 점유자와 협상을 진행하면서 가끔씩 울컥 하고 감정이 올라올 때면 강제집행이라는 강력한 한 방을 떠올리며 스스로 위로한 적이 있다. 언제든 제시할 수 있는 협상카드가 있다는 것은 명도 받는 입장에서 정말 든든한 무기가 된다. 협상 단계에서 적절하게 점유자를 압박할 수 있는 가장 큰 무기가 강제집행인 것이다.

　하지만 강제집행은 가능한 한 안 하는 것이 좋다. 말 그대로 강제로 문을 따고 들어가 살림살이를 끄집어낸다는 것인데 피치 못하게 물리적 충돌이 있을 수도 있는 등 여러모로 안타까운 방법이다.

　강제집행에 필요한 서류를 알아보자.

❶ 인도명령 결정문 정본 – 인도명령 신청을 하고 보통 2주 안에 발급된다.

❷ 송달증명원 – 인도명령 결정문이 상대방에게 송달되었음

을 법원에서 증명해주는 서류다. 법원 민원실에서 발급받아야 한다.

❸ 강제집행 신청서 – 법원에 비치되어 있으며 직접 작성한다.
❹ 신분증과 도장

강제집행은 인도명령 신청이 우선 되어야 한다. 대금 완납과 동시에 인도명령 신청을 하는데 민사집행법 제136조 내용에 따르면 점유의 대상에 따라 인도명령 신청이 제한적인 것을 알 수 있다.

> **제136조(부동산의 인도명령 등)**
> 법원은 매수인이 대금을 낸 뒤 6월 이내에 신청하면 채무자, 소유자 또는 부동산 점유자에 대하여 부동산을 매수인에게 인도하도록 명령할 수 있다. 다만, 점유자가 매수인에게 대항할 수 있는 권원에 의하여 점유하고 있는 것으로 인정되는 경우에는 그러하지 아니한다.

즉 대항력 있는 임차인의 경우는 인도명령을 할 수 없다는 얘기다. 하지만 점유자를 상대로 한 인도명령은 거의 2주 안으로 인용이 된다. 간혹 낙찰자가 현재 점유하고 있는 A를 상대로 강제집행을 하려고 할 때 현 점유자 A가 이사를 가버리고 전혀 다른 B가 살고 있어서 강제집행을 할 수 없게 되는 경우도 있다. 인도명령은 당사자인 A에 대한 명령이므로 그 점유자인 A를 상대로 인도명령이 결정된다. 하지만 점유자 A가 점유 이전을 하여 제3자가 점유를 하게 되면 다시 그 새로운 점유자를 상대로 인도명령 신청을 해야 한다. 한마디로 번거롭고 짜증나는 상황이 벌어진다. 이러한 상황을 방지하기 위하여 강제집행 전에 점유이전가처분 신청을 한다. 향후 어떤 사람이 거주하든 집행에는 아무런 영향이 없도록 하는 보전 처분이다.

인도명령 결정이 인용되면 결정문이 수일 내로 낙찰자와 점유자에게 송달된다. 점유자가 한번 움찔하는 시기다. 이 단계에서 점유자와 접촉하여 소기의 성과를 얻어낼 수 있다. 하지만 송달 이후에도 여전히 인도를 거부하면 인도명령 결정문과 송달증명원을 발급받아 해당 부동산을 관할하는 집행관사무소에 강제집행을 신청한다. 강제집행 신청 후 약 1~2주간의 현황조사가 이어지고 집행비용 예납이 확인되면 강제집행을 계고하게 되는데 소위 "계고장 붙으면 끝난다"라는 말은 그만큼 그 절차가 엄중하다는 의미다.

강제집행 계고는 인도의 의무가 있는 점유자나 임차인이 의무를 이행하지 않을 경우 법원에서 그 의무를 알리는 행위로 필요한 경우 문을 강제로 열고 들어가 계고를 하게 되며 이때 집행관은 집 안의 짐을 체크해 강제집행 시 투입 인원과 장비를 가늠한다.

나도 점유자가 계속 버티는 바람에 강제집행으로 엄포를 놓은 적이 있다. 좀 어이없지만 짧게 소개한다.

> 필자 : 자꾸만 이러시면 제 입장에서는 강제집행을 생각할 수밖에 없습니다. 협조 좀 해주시죠.
> 점유자 : 네, 그렇게 하세요. 강제집행이 뭐 별겁니까. 그러면 저희도 필요한 짐 몽땅 빼버리고 쓰레기만 남겨놓을 겁니다.

쓰레기를 좀 남겨놓더라도 짐을 몽땅 빼주면 정말 고마운 일이다. 사실 나는 속으로 "아이고 고맙습니다. 제발 그렇게만 해주십시오"라며 인사할 뻔했다. 쓰레기만 치우면 되므로 말 그대로 무혈입성인 데다 비용도 확 줄어드는 셈이다. 이 사건은 뒤에 자세히 설명하기로 하고 다시 계고장에 대해 알아보자. '부동산 인도 강제집행 예고'라고 적혀 있으며 대체로 딱딱한 사건번호, 법률용어로 적혀 있다. 강제집행 신청이 있으니 ○○○○년 ○○월 ○○일까지 자진하여 이행하기 바란다는 내용과 위 기일까지 자진하여 이행하지 않으면 예고 없이 강제로 집행하며 그 비용을 부담하게 된다고 적혀 있다. 그리고 해당 법원의 집행관 이름과 붉은 직인이 찍혀 있다. 단순히 한 장짜리 종이문서가 아니다.

어지간한 강심장이 아니면 대부분의 점유자는 강제집행 계고 이후

원활하게 명도에 합의한다. 진짜 집행이 되기 전에 이렇게라도 명도가 원활히 합의되는 것을 사실은 낙찰자도 가장 바란다. 하지만 강제집행 계고까지 나갔음에도 "나는 모른다. 마음대로 해봐라"라는 식으로 나오면 정말 난감해진다.

강제집행에 드는 비용은 딱히 얼마라고 정확히 말하기가 애매하다. 규모나 투입 인원, 장비, 추후 보관비용에 따라 달라지기 때문이다. 일반적으로 30평 아파트 기준 250~350만 원 정도 들어간다고 한다. 집행관 수수료 일람표를 보면 항목별로 다양하게 수수료가 정해져 있지만 수수료는 금액이 적어서 총비용에서 차지하는 비율이 그리 크지 않다. 하지만 투입되는 인원의 노무비, 이사 차량, 사다리차 등의 장비비용, 컨테이너에 보관할 때 들어가는 보관비용 등이 강제집행 비용의 대부분을 차지한다. 강제집행 비용은 낙찰자가 우선 지불하고 점유자에게 추후 구상권을 청구할 수 있다. 하지만 모든 걸 잃고 나가는 사람에게 과연 구상권을 청구한다는 게 무슨 의미가 있을까?

명도는 낙찰받은 부동산에 대해 현재 점유하고 있는 자로부터 배제시켜 매수자의 현실적 지배하에 놓이게 하는 법률행위다.

원활한 타협이냐, 법적절차냐의 외나무다리에서 낙찰자와 점유자가 만난다. 순리나 상식보다는 본인들의 입장이 우선시되는 지루한 싸움이 될 수도 있다. 하지만 분명히 명도는 이루어져야 하고 또 이루어진다. 점유자는 이사를 가야 한다. 누구나 명도는 껄끄럽고 어렵다. 하지만 꼭 넘어야 할 마지막 능선이라고 생각하고 조금만 더 힘을 내자. 저 능선 너머에 수익이라는 달콤한 열매가 기다리고 있다. 명도를 끝냈는가? 그렇다면 의식을 거행하자. 딱딱한 명도를 하느라 고생한 만큼 각자 특유의 방식으로 의식을 치르기도 한다. 터를 누른다는 의미도 있고 영역을 표시한다는 의미도 있다. 나는 명도를 마무리한 후에는 그 집에서 자장면을 먹었다. 어떤 이는 화장실에서 볼일을 본다고도 한다.

명도는 부동산 경매에서 꼭 한 번은 거치고 지나가야 하는 과정이다. 그 이상도 이하도 아니다. 진실한 마음으로 편하게 임한다면 분명히 좋은 결과로 이어질 것이다. 이젠 자장면도 먹었으니 집 안을 꼼꼼히 살펴보자. 어떻게 집을 꾸밀지, 전월세 전략은 어떻게 세울지 다음 장으로 넘어가보자.

한 줄 팩트체크

- ☑ 낙찰자든 점유자든 명도는 둘 다 어색하고 두려운 것이다.
- ☑ 명도는 결국엔 돈 문제로 귀결된다.
- ☑ 명도의 대상이 있는 경우는 다행이다. 사람을 못 만나면 힘들어진다.
- ☑ 폐문부재 시 법적 절차에 따라 꼭 집행관과 함께 행동한다.
- ☑ 권리분석 단계에서 명도의 난이도를 어느 정도 가늠할 수 있다.
- ☑ 체납 관리비, 각종 연체 공과금 등은 유일한 협상카드다.
- ☑ 강제집행은 낙찰자의 가장 강력한 마지막 카드다.
- ☑ 아주 사소한 차이가 명도의 성패를 좌우할 수도 있다.
- ☑ 인도명령 신청은 선별적으로 해야 한다.
- ☑ 체납 관리비는 이론과 실전에 괴리감이 있다.
- ☑ 강제집행의 방법과 절차를 숙지한다.

6단계
내 집을 마련하다

　명도가 완료되었다. 지루하고 초조했던 시간들이 점유자의 짐들과 함께 모두 사라졌다. 세상 모든 걱정을 안고 사는 것처럼 그렇게 힘겨운 시간이었는데 점유자와의 끈질긴 신경전이 마무리되고 드디어 내 집에 입성했다. 엄동설한의 추위는 가고 이젠 따뜻한 봄날이 나를 반겨줄 것이다. 짐이 모두 빠진 집 안에 홀로 있으면 만감이 교차한다. 몇 개월 전 이 물건을 처음 검색하고 주차장에서 올려다보았는데 이젠 당당히 베란다에 서서 그때 내가 서 있던 그 자리를 내려다본다. 다시 한 번 감회에 젖는다. 짐이 빠진 자리에 드러난 집의 민낯은 곱게 화장을 시켜 가치를 올려주면 된다. 아시겠지만 화장을 시킨다는 표현은 인테리어를 말하는데 과연 어느 정도로 인테리어를 해야 할지 내부의 상태를 꼼꼼히 살피기 위해 우선 청소부터 깨끗이 한다.

　청소만 깨끗이 해도 집이 많이 달라 보인다. 명도를 해보면 일반 매매를 할 때처럼 깨끗하게 뒷정리까지 하고 가는 사람이 있는 반면 스티커를 붙여서 내놔야 할 물건을 그대로 놓고 가는 경우도 있다. 전월세로 내놓을 집이라면 단순히 닦고 조이고 기름칠해서는 임차인을 구하기 어려울 수 있다. 집 안의 상태에 따라 도배나 바닥은 기본이고 싱크대나 화장실 공사를 해야 하는 경우도 있다. 혹은 들어올 임차인의 취향을 고려해 도배비용을 지원해주는 방법도 있다.

　집 안을 꾸미기에 앞서 건물 골격의 상태, 상수와 하수의 상태, 누수 여부, 겨울철 결로현상, 보일러 작동 상태 등 생활과 직결되는 부분을 우선하여 살핀다.

　대개 주택 구입에 대한 결정권은 누구에게 있을까? 아무래도 남자보다는 여자에게 있다. 특히 주부들이 가장 먼저 고려하는 부분이 주방이고 그다음으로 화장실과 다용도실이다. 주부가 사용하는 공간에 더욱 신경을 쓰면 빠르게 계약으로 이어질 가능성이 커진다.

　도배와 바닥 또한 집 안의 분위기를 반전시키는 데 큰 역할을 한다. 그래서 업자들은 주택을 화장시킨다는 표현을 이때 사용한다. 내 경험을 이야기하면 바닥은 약간 어두운 톤으로 그리고 벽은 어설프게 패턴이 들어간 것보다는 단색으로 밝게 도배하는 것이 우선 집이 넓고 안정적으로 보이는 효과가 있다. 그리고 인터넷이나 관련 잡지 등을 찾아보면 최근 트렌드를 참고할 수 있다. 유행은 돌고 도는 만큼 현재의 트렌드를 참고할 뿐 지나치게 신경 쓸 필요는 없다. 장소에 따라 컬러나 형태에 변화를 주어 집 안 전체의 분위기를 화사하게 연출하는 것이 포인트.

업자를 선정할 때도 여러 군데의 견적을 받아본다. 공사 금액에 대한 세금계산서가 발행되는지 여부도 반드시 확인한다. 공사 금액이 큰 경우 양도세 납부 시 필요경비로 인정받기 위해서는 꼭 챙겨야 할 부분이다. 벽지나 장판, 조명, 싱크대 교체 등 현상유지를 위한 소모적 비용은 필요경비로 인정받을 수 없지만 발코니 확장이나 상하수도 등의 배관 공사, 보일러 공사 등은 필요경비로 인정되는 부분이니 잘 챙겨야 한다.

나는 가능한 한 인테리어 업자를 현장에서 만난다. 인테리어 업자들도 나름의 스타일이 있기 때문에 현장을 직접 보면서 본인이 원하는 인테리어의 방향을 제시하는 것이 좋다. 직접 시공할 현장을 함께 보는 것이 가장 정확하고 효과적이다. 다양한 의견을 들을 수 있고 현장에서 생각지도 못했던 번뜩이는 아이디어를 얻을 수도 있다. 보통 아파트의 노후도를 따져보면 10년 주기로 여기저기 수리할 곳이 생기게 마련이다.

내가 낙찰받은 집의 안방은 대체로 깔끔한 편이었다. 화장실 쪽에 붙박이장이 있고 바로 앞쪽에 화장대가 있는데 지금도 유용하게 잘 사용하고 있다. 화장실이나 방문의 프레임이 틀어져 있으면 문제가 되는데 다행히 문짝들은 큰 무리 없이 부드럽게 잘 맞았다.

　문짝은 나무 무늬 필름지로 시공되었으므로 필름지를 제거하고 페인트로 색을 바꾼 후 손잡이만 교체해 사용하면 될 듯하다. 천장의 몰딩은 넓이나 스타일이 요즘 나오는 것과 비슷하여 그대로 사용하기로 하였다.

　거실도 세월의 흔적이 그대로 남아 있었다. 도배를 제외하고는 거의 나무 무늬 필름지로 처리한 것이나 천장의 조명 주변을 몰딩으로 처리한 걸로 봐서 당시 유행하던 스타일인 것 같았다. 거실은 가족들이 가장 많은 시간을 보내는 곳이다. 그러기에 각별히 더 신경을 썼다. 무엇보다 주방과 거실을 분리해주는 어정쩡한 유리 벽면과 선반 부분을 어떻게 할지 고민을 많이 했다. 가능하면 심플하고 공간을 넓게 사용하는 것에 주안점을 두었다. 조명도 대낮처럼 밝으면서 전기세 부담 없이 켤 때마다 조도를 조정하면 좋을 것 같았다.

▶당시 유행하던 스타일로 마감된 거실
　(before)

▶공간을 넓게 사용할 수 있게 바꾼 거실
　(after)

▶거실과 주방을 잇는 바

거실은 가족들이 가장 오랜 시간 머무는 곳이므로 넓은 공간과 소통을 강조하고 싶었다. 가장 큰 변화는 거실과 주방을 연결시키는 바bar를 만든 것이다. 완전히 독립된 형태의 주방이었는데 주방에서 요리를 하면서 TV를 본다거나 거실의 상황을 지켜보면서 소통할 수 있게 했다. 집에 온 지인들마다 "우와 이 집엔 바가 있네" 하며 특이한 구조에 약간은 신기해했다.

벽면은 심플하게 컬러만 조금씩 변화를 주어서 전반적으로 차분하고 안정적인 분위기를 연출했으며 거실 전등은 LED로 교체하면서 스위치를 두 개로 만들어 등의 개수를 조절해 필요에 따라 켤 수 있게 했다.

주방은 전체적으로 화이트컬러의 싱크대에 벽면을 블랙으로 처리하여 입체감을 살렸다. 타일 컬러를 두고 고민을 많이 했는데 아내의 결정에 따르길 잘한 것 같다. 컬러가 확실하게 상반되다 보니 느낌이 훨씬 더 심플하다.

명도 받은 후 지난한 인테리어 공사를 거쳐 드디어 내 집이 탄생했다. 지난 시간이 주마등처럼 지나가며 어깨가 으쓱해진다. 과거 부동산 경매로 집을 장만했다는 이야기를 들으면 남 얘기처럼 들렸는데 이렇게 현실로 이루고 보니 감회가 새롭다.

한 줄 팩트체크

- ✅ 인테리어는 임차인의 취향을 어느 정도 고려한다.
- ✅ 꾸미기에 앞서 누수 여부 등 생활과 직결되는 부분을 우선 살펴보자.
- ✅ 임대용이라면 주부들의 눈높이에 맞는 인테리어를 한다.
- ✅ 최신 트렌드를 너무 반영할 필요는 없다. 유행은 돌고 돈다.
- ✅ 인테리어 업자들은 가급적 현장에서 만나는 것이 좋다.

초보자를 위한 이야기 2

알고 가자! 공매

  부동산을 저렴하게 매입할 수 있는 방법 중에 부동산 경매 말고 또 있을까? 아마 그 친척뻘 되는 공매가 있다. 공개 경쟁 방식을 통해 매각이 이루어진다는 점에서 경매와 비슷하지만 경매는 담보대출 원리금, 카드연체금, 임대차 보증금 등의 회수를 목적으로, 공매는 체납된 세금 회수를 목적으로 실시된다는 점에서 차이가 있다. 경매와 공매는 매각 방식에 유사한 점이 많으므로 경매를 공부하는 사람이라면 공매에도 한번쯤 관심을 가져보면 좋다.

  경매는 민사집행법에 의해 진행되는 데 반해 공매는 국세징수법에 의해 진행된다. 적용하는 법률부터 차이가 난다. 공매로 매각하는 부동산은 유입 자산, 수탁 재산, 압류 재산이 있다. 수탁 재산은 비업무용 재산과 양도세 감면 대상 물건으로 나누어진다. 가장 보편적으로 많이 진행되는 압류 재산 공매는 세금을 체납한 체납자의 재산을 강제로 처분하는 것을 말하며 한국자산관리공사에서 운용하는 온비드ONBID라는 전자 입찰시스템으로 입찰을 진행한다. 하지만 비업무용 부동산이나 유입 자산은 금융기관에서 입찰을 진행하는 경우가 많다. 유찰 시 감액에서도 차이가 있다. 경매는 20~30% 감액되지만 공매는 10%가 감액된다. 낙찰 시 대금 납부에서도 경매는 매각 허가 결정이 떨어지면 정해진 납부 기한까지 일시불 납부이다. 하지만 공매는 일시불은 물론 분납도 가능하다. 부동산 경매만 해온 투자자라면 매각대금의 납부조건이 상당히 눈에 띄는 부분이다. 잔금 납부 일자가 법원보다 여유가 있으며 경매에서는 상상도 할 수 없는 할부매각과 수의계약도 할 수 있다. 하지만 경매는 전국 법원에서 정해진 절차에 의해 동일하게 진행되는 반면 공매는 유입 자산, 비업무용 부동산, 압류 재산 등에 따라 국가기관이나 공공기관 또는 금융기관에서 이루어진다. 방식 또한 각각이므로 경매보다는 복잡 다양하다고 할 수 있다. 공매 물건은 부동산뿐만 아니라 차량이나 유가증권, 기계, 골프회원권, 하물며 미술품이나 동물에 이르기까지 그 종류가 다양하며 매각 물건의 종류가 갈수록 확대되는 추세이다. 경매와 공매는 비슷하긴 하지만 근거 법률이나 최종 목적이 다르므로 같은 물건이 동시에 경매와 공매로 나올 수도 있다. 이런 경우 낙찰자 중에서 매각대금을 먼저 납부한 사람이 우선적으로 소유권을 취득한다.

또 입찰자가 느끼는 가장 확연한 차이는 바로 인도명령의 문제다. 인도명령은 명도와 직결되기 때문에 결코 간과할 수 없는 부분이다. 경매는 인도명령을 신청할 수 있다. 특별히 문제가 없으면 2주 내로 인용된다. 낙찰자는 이 인도명령에 기해 강제집행을 신청할 수 있으며 강제집행이야말로 낙찰자가 확보한 가장 든든한 협상카드다. 하지만 공매의 경우 인도명령제도가 없다. 오로지 점유자와 협상하는 방법밖에 없다. 만약 협상이 원만히 이루어지지 못하면 명도소송으로 가야 하는데 소송으로 갈 경우 짧게는 4개월에서 1년 정도의 시간이 소요된다. 명도에 걸리는 시간은 수익과 직결되므로 소송으로 번지면 사실상 절반의 실패라고 볼 수 있다. 이런 이유로 투자자들 사이에서는 공매와 경매를 보는 시각차가 뚜렷하게 나뉜다. 공매가 경매보다 10% 정도 저렴하게 낙찰되는 이유는 아마 이렇게 명도에 대한 부담감이 작용해서일지도 모른다.

하지만 공매만 가지고 있는 매력도 있다. 경매와 달리 매각 결정 이후에 채무자가 체납 세금을 납부할 경우에도 낙찰자의 동의가 있어야만 그 사건에 대하여 취소할 수 있다. 무엇보다 앞서 언급했듯이 공매는 국가기관, 공공기관, 금융기관 등에서 다양하게 진행하므로 물건 검색이 상당히 어렵다. 그리고 인도명령제도가 없으므로 명도에 대한 부담감 때문에 입찰 경쟁률이 낮다. 공개 매각하는 방식에서 입찰 경쟁률이 낮다는 것은 상당한 이점이다.

또한 경매는 비가 오나 눈이 오나 바람이 부나 정해진 경매 법정에서만 입찰이 가능하다. 하지만 공매는 인터넷에 의한 전자 입찰 방식이므로 대한민국에서 인터넷이 연결되는 곳이면 어디서든 입찰이 가능하다. 장소의 구애뿐 아니라 24시간 개점휴업이므로 아무 때나 입찰이 가능하다. 예컨대 압류 재산 공매 같은 경우는 월요일 오전 10시부터 수요일 오후 5시까지 입찰이 가능하므로 시간적 여유가 충분하다. 시간도 충분하고 인터넷만 연결되면 가능하므로 자리를 비우기 힘든 직장인들이 입찰하기에 좋을 듯하다. 공매는 이렇게 공매만의 매력을 충분히 가지고 있다.

경매든 공매든 각각의 장단점이 있다. 중요한 것은 학습의 깊이와 실행력이 아닐까 싶다. 무엇이든 좋다. 부동산 경매가 아니더라도 내게 맞는 수단을 찾아 실행해보면 어떨까. 판단은 독자의 몫이다.

	공매	경매
적용 법률	국세징수법	민사집행법
시행 기관	국가기관, 공공기관, 금융기관	법원
입찰 방식	전자 입찰	현장 입찰
입찰 경쟁률	낮음	높음
매각대금 납부	분납도 가능	분납 안 됨
인도명령제도	없음	있음

3장
이것만 알면
절반은 성공

경매의 **필요조건, 권리분석**

사람이 어떤 일을 할 때 무엇부터 해야 할지 판단이 서지 않아서 막막할 때가 있다. 예를 들어 어학연수를 간다고 치자. 우선 어느 나라로 가야 할지, 여권을 만들고 비자부터 신청해야 할지, 아니면 현지의 체류여건이나 교육기관을 먼저 알아봐야 할지, 내가 모아놓은 돈으로 충분할지, 현지에서 일을 하면서 공부를 해야 할지, 누구에게 알리고 어디서 도움을 받아야 할지 등등 온통 모르는 것투성이다. 게다가 무엇 하나 만만한 게 없다. 마음속에 도전에 대한 욕구는 가득한데 방법을 몰라 번번이 뒤로 미루게 되고 심지어 생각으로만 끝나버릴지도 모른다. 남들은 잘하는데 나는 왜 이럴까? 하는 자괴감에 빠질 수도 있다.

그렇게 도전이라는 단어는 일장춘몽으로 마감하고 다시 일상으로 돌아가 똑같은 매일을 반복하는 자신을 발견하게 된다.

　실현하는 데 가장 중요한 것은 무엇일까? 본인의 의지다. 꾸준하게 준비하고 전문가의 도움을 받아 결국엔 멋지게 어학연수를 마치고 애초 생각했던 수준의 언어능력을 구사할 수 있게 된다. 하지만 몇 가지 난제에 봉착했을 때 슬기롭게 해결하지 못하고 거기서 멈춰버리면 영원히 어학연수와는 거리가 멀어진다.

　부동산 경매를 시작하는 사람이 호기롭게 시작했다가 가장 먼저 만나는 난관이 바로 권리분석이다. 물건 검색 단계에서 직접적으로 여러 가지 서류를 봐야 하는데 일단 단어들이 너무나 생소하다. 등기부등본상의 말소기준권리를 찾아 소멸과 인수에 대한 정확한 분석을 할 수 있어야 하며 감정평가서, 현황조사서, 매각물건명세서, 세대열람내역서, 문건 송달 내역 등 일일이 확인해야 할 서류들이 꽤나 많다. 또한 물권과 채권의 개념도 알아야 하고 그 외 가등기나 가처분, 하물며 위장 임차인이나 유치권 등의 여부도 가려야 하는 등 첩첩산중을 만나는 것이다.

　권리분석이 중요한 것은 알겠지만 아무리 생각해도 어렵고 두렵다. 하지만 돈과 직결된 문제이니 어설프게 배울 수도 없는 노릇이다. 아무리 좋은 물건이라도 권리분석이 제대로 이루어지지 않으면 언제 터질지 모를 시한폭탄과 같다. 그러므로 권리분석은 부동산 경매의 필수요건이다. 가장 중요한 요소라고 보기는 어렵지만 반드시 거치고 지나가야 할 필수요건이다.

　법률상 상대방에게 본인의 이익을 주장할 수 있는 것이 권리이므로 법률에 근거한 확실한 분석이 이루어져야 한다. 그렇다고 권리분석을 잘하면 경매 투자를 잘한다고 볼 수는 없다. 다만 부동산 경매를 위해 최소한 알고 넘어가야 하는 것이 권리분석이다.

　간혹 권리분석은 잘하는데 정작 낙찰을 받지 못하는 사람들을 종종 보게 된다. 무술을 교본으로만 익힐 수 없는 것과 같은 이치다. 현장의 경험과 과감한 배팅 등 말 그대로 경매 근육을 키워야 한다. 그럼에도 권리분석의 필요성은 아무리 강조해도 지나치지 않다. 하나의 부동산이라 해도 관련된 권리들이 많다. 내가 입찰하는 부동산에는 어떤 권리들이 있는지 과연 이 권리들이 낙찰과 동시에 말소가 되는지 아니면 낙찰자를 쫓아다니며 괴롭힐지는 철저한 권리분석이 뒷받침되어야 알 수 있다. 부동산을 낙찰받았을 때 온전히 소유권을 취득하는 데서 권리분석은 비로소 시작된다.

　권리분석은 일명 말소기준권리 찾기라고 말할 수 있겠다. 등기부등본을 분석하여 인수되는 권리, 소멸되는 권리를 찾아보자. 또한 대항력의 유무에 따른 임차인도 분석한다. 주택임대차보호법상 최우선변제를 받는가? 선순위 임차인으로 대항력을 갖추었는가? 만약 대항력을 갖추었다면 배당 신청의 유무도 따져야 한다.

　또 유치권, 법정지상권, 분묘기지권처럼 등기부등본상에 나타나지 않은 권리까지도 샅샅이 찾아내어 분석한다. 수익은 고사하더라도 권리를 알아야 내 돈을 지킬 수 있다. 이쯤 되면 내가 왜 부동산 경매를 시작했을까 하는 자괴감마저 든다.

첫 번째 난관봉착이다. 하지만 누구나 할 수 있다. 학습 과정에서 순위를 다투는 권리를 하나씩 알아가는 재미를 느끼기 바란다. 법률 용어를 하나씩 알아가고 권리들 사이에 얽혀 있는 관계와 순위를 파악하다 보면 스스로 으쓱해질 때가 있다. 독자 여러분도 그런 기분을 꼭 한 번 느껴보길 바란다. 우선 가장 기본이 되는 물권과 채권부터 알아본다.

물권은 괴물이다

> 민법에서 물건에 대한 배타적 지배권인 소유권, 지상권, 지역권, 전세권 등의 용익물권用益物權, 유치권留置權, 질권, 저당권 등의 담보물권, 점유권을 총칭하여 물권이라 한다.
>
> 출처 : 국가법령센터

물권物權은 센 놈이다. 반면 채권은 그렇게 센 놈은 못 된다. 물권이란 놈은 욕심이 많아서 확실하게 자기 것은 챙기는 녀석이다. 누구를 막론하고 손을 벌려서 무조건 내 것부터 챙기고 보는 녀석이다. 하지만 채권은 그렇지 못하다. 정해진 특정인에게만 내 것을 달라고 주장할 수 있다.

무슨 얘기냐? 바로 공시의 문제인데 모든 사람이 알면, 즉 공시가 되었으면 물권이다. 모든 사람에게 권리를 주장할 수 있다. 하지만 공시되지 않아 특정인에게만 주장할 수 있는 권리는 채권이다.

나도 물권과 채권을 공부하면서 물권은 정말 센 놈이구나 생각했다. 물권은 말 그대로 물건(부동산) 자체에 성립된 권리다. 직접 지배할 수 있는 권리이며 배타적 성격을 가진다. 그러므로 모든 이들에게 주장할 수 있다. 물권의 종류로는 점유권, 소유권, 지상권, 지역권, 전세권, 유치권, 질권, 저당권 등 8가지이며 용익물권과 담보물권으로 나뉜다.

채권은 물권과는 성격이 완전히 다르다. 물권이 물건(부동산)에 대한 권리라면 채권은 사람에게 설정된 권리이다. 그러므로 모든 이가 아닌 특정인에게만 주장할 수 있는 상대적인 권리다. 항상 물권은 채권보다 강하다. 물권은 채권보다 항상 우위에 있다.

일단 부동산 경매에서 배당의 순서에 대해 대략 알아보면 경매 집행비용 → 최우선 변제 → 우선 변제 → 일반 변제 등의 순위로 배당이 된다. 이때 채권이 아무리 약자라도 세금 관련 채권은 성립 날짜에 따라 물권보다 배당이 우선시될 수 있다. 그러므로 세금 관련 채권을 배제하고 일반 채권 기준으로 물권과 채권의 배당에 대해서 알아보자.

물권은 채권이나 다른 후순위 물권보다 우선적 효력이 있다. 즉 하나의 물건 위에 여러 개의 권리가 순위를 다투는 경우 다른 권리에 비해 우선하는 효력을 말한다. 반면 채권은 상대적 효력만 갖고 있다. 물권과 채권의 가장 기본적인 속성을 들여다보고 과연 어떻게 배당이 이루어지는지 살펴보자.

> ❶ **물권과 물권 상호간 우선적 효력**
> – 시간적으로 먼저 성립한 물권이 나중에 성립된 물권보다 우선한다.
>
> ❷ **채권과 채권 상호간 우선적 효력**
> – 성립된 시간에 상관없이 안분배당 한다.
>
> ❸ **물권과 채권 상호간 우선적 효력**
> – 시간적으로 물권이 먼저 성립되었다면 물권 전액 배당 후 채권 배당하고, 만약 채권이 먼저 성립되었다면 물권과 채권은 안분배당을 한다.

여기서 '안분배당按分配當'은 말 그대로 채권자가 가진 채권 금액의 비율에 따라 고르게 나누어준다는 뜻이다.

이렇게 물권과 채권의 배당 순위만 보더라도 물권의 힘이 얼마나 강한지 느껴진다. 좀 더 구체적으로 낙찰받은 아파트를 예로 근저당(물권)과 가압류(채권)의 배당에 대해 알아보자. 해당 아파트는 2억에 낙찰되었고 편의상 경매비용 등 기타 금액은 생략하기로 한다.

1. 물권끼리 설정된 경우

설정 날짜	권리 및 금액
2016.1.1	근저당A - 1억 2,000만 원
2016.2.1	근저당B - 8,000만 원
2016.3.1	근저당C - 5,000만 원

근저당A 1억 2,000만 원 전액 배당, 근저당B 8,000만 원 전액 배당, 근저당C는 남은 금액이 없으므로 배당받지 못한다. 물권끼리는 설정 순서에 우선적 효력이 있다.

2. 채권끼리 설정된 경우

설정 날짜	권리 및 금액
2016.1.1	가압류A - 1억 2,000만 원
2016.2.1	가압류B - 8,000만 원
2016.3.1	가압류C - 5,000만 원

가압류A 9,600만 원, 가압류B 6,400만 원, 가압류C 4,000만 원을

배당받는다. 사이좋게 일정한 비율에 따라 고루 나누었다.

$$\text{가압류A} : 2억\ 원 \times \frac{1억\ 2,000만\ 원}{2억\ 6,000만\ 원(A,\ B,\ C\ 합계\ 금액)} = 9,600만\ 원$$

$$\text{가압류B} : 2억\ 원 \times \frac{8,000만\ 원}{2억\ 6,000만\ 원} = 6,400만\ 원$$

$$\text{가압류C} : 2억\ 원 \times \frac{5,000만\ 원}{2억\ 6,000만\ 원} = 4,000만\ 원$$

3. 물권과 채권이 설정된 경우

설정 날짜	권리 및 금액
2016.1.1	근저당A - 1억 2,000만 원
2016.2.1	가압류B - 8,000만 원
2016.3.1	가압류C - 5,000만 원

근저당A 1억 2,000만 원, 가압류B 4,923만 원, 가압류C 3,076만 원이 배당된다. 우선적 효력이 있는 근저당A는 전액을 배당받지만 가압류 B와 C는 근저당A가 배당받고 남은 금액 8,000만 원으로 안분배당 한다.

$$\text{가압류B} : 8,000만\ 원 \times \frac{8,000만\ 원}{1억\ 3,000만\ 원(B,\ C\ 합계\ 금액)} = 4,923만\ 원$$

가압류C : 8,000만 원 × $\dfrac{5,000만\ 원}{1억\ 3,000만\ 원}$ = 3,076만 원

4. 물권과 채권이 설정된 경우(후순위 물권이 있는 경우)

설정 날짜	권리 및 금액
2016.1.1	근저당A − 1억 2,000만 원
2016.2.1	가압류B − 8,000만 원
2016.3.1	근저당C − 5,000만 원

근저당A 1억 2,000만 원, 가압류B 4,923만 원, 근저당C 3,076만 원이 배당된다. 우선적 효력이 있는 근저당A는 전액을 배당받지만 가압류B와 근저당C는 안분배당 한다. 우선적 효력을 서로 주장하지 못하므로 근저당A의 배당 이후 남은 금액 8,000만 원으로 안분배당 한다.

가압류B : 8,000만 원 × $\dfrac{8,000만\ 원}{1억\ 3,000만\ 원(A,\ B,\ C\ 합계\ 금액)}$ = 4,923만 원

근처당C : 8,000만 원 × $\dfrac{5,000만\ 원}{1억\ 3,000만\ 원}$ = 3,076만 원

5. 물권과 채권이 설정된 경우(선순위 채권이 있는 경우)

설정 날짜	권리 및 금액
2016.1.1	가압류A − 1억 2,000만 원
2016.2.1	근저당B − 8,000만 원
2016.3.1	가압류C − 5,000만 원

가압류A 9,600만 원, 근저당B 8,000만 원, 가압류C 2,400만 원을 배당받는다. 누가 봐도 계산법이 틀린 것처럼 보인다. 흡수배당의 개념을 모르기 때문이다. 흡수배당은 안분배당이 끝난 뒤 높은 순위의 권리가 낮은 순위의 권리를 자기의 채권이 만족할 때까지 흡수해버리는 배당의 계산법이다. 가압류A는 근저당B보다 앞선다. 하지만 가압류A와 C는 동순위이기 때문에 이 셋은 서로 우선 변제 주장을 하지 못한다. 그러므로 A, B, C의 권리는 안분배당을 한다. 하지만 물권우선의 원칙에 따라 물권인 근저당B가 채권인 가압류C보다 우선순위에 있으므로 근저당B의 부족분을 충족할 때까지 가압류C가 안분배당 받은 금액에서 흡수해버린다. 이를 흡수배당이라 한다. 결론적으로 가압류A보다도 후순위이지만 물권인 근저당B는 앞서 이야기했듯이 확실하게 자기 것을 챙기는 녀석이다. 물권은 이만큼이나 강력하다. 정말 괴물이다.

$$\text{가압류A} : 2억 원 \times \frac{1억 2,000만 원}{2억 5,000만 원(A, B, C 합계 금액)} = 9,600만 원$$

$$\text{근저당B} : 2억 원 \times \frac{8,000만 원}{2억 5,000만 원} = 6,400만 원$$

$$\text{가압류C} : 2억 원 \times \frac{5,000만 원}{2억 5,000만 원} = 4,000만 원$$

이렇게 안분배당이 되었지만 근저당B의 부족분 1,600만 원을 가압류C로부터 흡수해가므로 가압류C는 결국 2,400만 원을 배당받게 된다. 이렇게 배당의 순서만 보더라도 물권은 강력하다. 비록 순위가 늦더라도 채권과 안분배당을 하거나 혹은 흡수배당으로 물권의 채권금액을 회수한다.

권리분석에 있어서 물권과 채권의 개념을 이해하는 것이 어찌 보면 첫걸음이라 할 수 있다. 이제 두 걸음, 세 걸음 권리분석의 세계로 성큼 성큼 다가서길 바란다.

한줄팩트체크

- ☑ 권리분석은 말소기준권리를 찾아 소멸과 인수사항을 분석하는 것이다.
- ☑ 권리분석과 낙찰률과는 아무 상관이 없다.
- ☑ 학습 과정에서 순위를 다투는 권리를 알아가는 재미가 있다.
- ☑ 물권은 말 그대로 물건(부동산) 자체에 성립된 권리다.
- ☑ 물권과 채권 상호간 속성을 알아야 한다.
- ☑ 안분배당, 흡수배당 등의 개념도 알아두자.

말소기준권리를 찾아라

 말소기준권리란 말 그대로 부동산 경매에서 물건을 낙찰받았을 때 인수되는 권리와 말소되는 권리를 가늠하는 기준이 되는 권리를 말한다. 하지만 낙찰을 받고 나서 인수되는 권리를 찾게 되면 그야말로 끔찍한 일이다. 우리에게 말소기준권리는 낙찰받은 경우가 아니라 물건 검색 과정에서 당연히 미리 파악해야 하는 권리다.

 기준이란 말뚝이다. 군대를 다녀온 사람이라면 익히 알겠지만 제식훈련에서 대오隊伍를 정렬할 때 기본이 되는 표준이다. 절대 움직일 수 없다. 말뚝처럼 그 자리에 굳건히 버티고 있어야 한다. 그 말뚝을 중심으로 일사불란하게 움직여야 한다.

🏠 소멸되는 권리와 말소되는 권리의 기준

부동산 경매에도 이렇게 말뚝 같은 기준이 존재한다. 우리는 이 말뚝을 잘 찾아내야 한다. 이 말뚝을 기준으로 소멸되는 권리와 인수되는 권리를 정확하게 파악해야 한다.

근저당이니 가압류니 이런 용어들은 일단 빼놓는다. 단순하고 쉽게 접근해보자. 하나의 부동산에 A, B, C, D 네 가지 권리가 있다. 만약 A가 말소기준권리라면 A, B, C, D 몽땅 말소사항이다.

만약 B가 말소기준권리가 된다면 A는 낙찰자가 인수하고 B, C, D는 말소가 된다. 이름하여 '말소기준권리'를 찾는 것은 경매로 진행되는 사건의 등기부상 등기된 권리와 등기되지 않은 권리를 찾아내어 소멸과 인수 여부를 다투는 중요한 권리분석 가운데 하나다. 그러므로 말소기준권리 찾기는 권리분석의 90%라고 해도 과언이 아닐 정도로 중요한 작업이다. 다시 한 번 강조하지만 부동산 경매에서 권리분석이란? 말소기준권리를 찾고 그 권리를 기준으로 소멸되는 권리와 인수되는 권리를 명확하게 구분해내는 작업을 의미한다.

혹자는 "권리분석 10초면 할 수 있다"라고 말한다. 사실 틀린 이야기도 아니다. 말소기준권리만 찾으면 이보다 선순위는 인수되는 권리이고 후순위는 소멸하여 없어진다. 이게 끝이다. 사설 경매 사이트는 한눈에 볼 수 있게 정리를 해두었으므로 사실 10초면 인수와 말소 여부를 따지기에 충분하다. 정말 간단하다.

하지만 여기에 함정이 있다. 사설 경매 사이트는 책임 소재가 불분명하다. 경매 사이트에 올라오는 물건들의 권리분석은 유료 이용자들이 쉽게 볼 수 있도록 정리를 해놓은 정도로 생각하는 것이 맞다. 물론 신뢰를 바탕으로 이용하지만 본인이 직접 등기부등본이나 필요한 서류를 확인하는 것이 가장 확실하다.

나는 전입세대 열람을 입찰 당일이나 하루 전날 꼭 직접 주민센터에서 발급받아 확인한다. 예전에는 해당 지역의 주민센터에서만 발급해주었지만 요즘은 어느 주민센터에서나 가능하므로 많이 편리해졌다. 또 '대위변제'나 '세대합가' 등의 가능성도 열어두고 충분히 검토해야 한다. 대위변제와 세대합가는 뒤에서 자세히 설명하겠다.

그러면 과연 기준이 되는 권리에는 무엇이 있을까? 군대에서는 선임이 지시하면 지시받은 사병이 기준이 되겠지만 부동산 경매에는 기준이 되는 권리가 따로 있다.

❶ 저당 ❷ 근저당 ❸ 압류 ❹ 가압류 ❺ 담보가등기
❻ 강제경매기입등기 ❼ 전세권

이렇게 7개의 권리가 말소기준권리이다. 하지만 7번 전세권은 사항에 따라 말소기준권리가 될 수도 있고 안 될 수도 있다. 전세권을 면

저 실행했더라도 전세권이 부동산 전체에 설정되어 있어야 한다. 예컨대 다가구는 여러 가구가 함께 모여 사는 구조이지만 각개의 소유권이 인정되지 않는다. 반면 다세대는 다가구와 형태는 비슷하지만 각자 구분 소유가 가능하다. 즉 201호, 202호, 203호… 등 각자의 소유권이 인정된다. 그러므로 다가구와 다세대는 소유권을 별도로 할 수 있느냐 없느냐에 따라 구분된다. 앞서 언급했듯이 전세권이 부동산 전체에 설정되어 있어야 하는데 다가구는 소유자가 건물을 통째로 단 하나의 소유권만을 보유하므로 한 세대의 임차인이 전세권을 이유로 말소기준권리를 주장할 수 없다. 반면 다세대는 구분 소유가 가능하므로 한 세대에 대한 전세권을 이유로 말소기준권리를 주장할 수 있다. 아파트에도 방 한 칸만 사용하는 임차인이 있다. 이런 경우 전세권이 건물 전체에 미치지 못하므로 말소기준권리가 될 수 없다. 또한 전세권자가 경매 신청을 하였거나 배당 요구를 하였을 경우 등의 조건을 충족시켜야 말소기준권리로서 효력이 발생한다. 한마디로 전세권은 말소기준권리가 되기에는 상당히 가변적이다. 만약 선순위 전세권이 있는데 말소기준권리가 애매하면 매각물건명세서에 최선순위 설정 일자 항목에 적혀 있는 권리를 참고하면 된다.

  전세권의 이런 가변성 때문에 말소기준권리에서 아예 전세권에 대해서는 언급하지 않는 경우도 있다. 사실 나도 경매를 처음 배울 때 말소기준권리는 6개라고 배웠다. 그렇게 배워도 크게 상관은 없지만 그래도 전세권이 어떤 형태인지는 알아야 한다. 부동산 경매는 다양한 경우의 수를 항상 염두에 둔다.

인수되는 권리에는 말소기준권리보다 앞선 지상권, 지역권, 전세권 가처분, 가등기와 대항력을 갖춘 선순위 임차인 등이 있다. 특히 유치권은 말소기준권리와 상관없이 매수인에게 무조건 인수되는 권리이므로 입찰 시 주의해야 한다. 상업공간이 아닌 주거공간은 허위 유치권일 가능성이 농후하지만 그렇다고 무조건 정황 증거도 없이 입찰했다가 낭패를 겪을 수도 있다. 또한 대항력을 갖춘 선순위 임차인은 배당 신청의 여부에 따라 인수와 말소가 나누어지므로 임차인의 대항력도 꼭 따져봐야 한다. 앞서 언급한 대위변제란 무엇일까?

> 대위변제 – 후순위 임차인이 채무자를 대신하여 선순위의 말소기준권리로 되어 있는 근저당 등의 채권을 변제해주는 것이다.

왜 대신 변제를 할까? 이유는 간단하다. 선순위 채권을 변제해줌으로써 후순위였던 임차인의 지위가 선순위로 바뀌기 때문이다. 그렇다면 대위변제가 되었을 때 낙찰자는 어떻게 대응해야 할까? 크게 세 가지 경우를 알아보자.

매각 허가 결정 전 – 임차인이 법원의 매각 허가 결정 전에 대위변제를 하면 낙찰자는 대위변제를 이유로 매각 불허가 신청을 한다. 법원은 당연히 임차인의 대위변제 사실을 확인하고 매각 불허가를 한다.

매각 허가 결정 후 – 임차인이 법원에 매각 허가 결정이 난 후에 대위변제를 하면 낙찰자는 임차인의 대위변제를 이유로 법원에 매각 허가 결정 취소 신청을 한다. 법원은 당연히 임차인이 대위변제를 확인하고 매각 허가 결정에 대한 취소를 결정한다.

매수인이 매각대금을 완납했을 경우 – 매수인이 매각대금을 완납하면 소유권이 이전되기 때문에 임차인은 대위변제를 할 수 없다. 또한 임차인이 대위변제를 할 수 있는 시기는 원천적으로 매각대금 납부 이전이다.

오른쪽 표를 보면 대위변제의 가능성이 농후하다. 임차인 입장에서 순위를 보면 맨 위의 근저당만 없으면 임차인이 1순위가 되므로 당당히 대항력을 갖출 수 있다. 임차인은 보증금 7,000만 원을 지키기 위해 말소기준권리 근저당의 800만 원을 대위변제하고 선순위가 된다. 이로써 임차인의 권리를 보호받게 된다. 여기까지가 가장 교과서적인 대위변제의 해석이라면 나는 좀 더 다른 이야기를 해보고 싶다.

예시 : 임차인 보증금 7,000만 원, 전입신고 2011.10.1, 확정일자 2011.10.1

접수	권리 종류	채권 금액	비고
2010.10.1	근저당	800만 원	말소기준권리
2012.10.1	가압류	2,000만 원	
2013.10.1	가압류	6,000만 원	
2014.10.1	가압류	7,000만 원	

위의 부동산 경우 보증금이 7,000만 원이라면 실거래가는 최소 1억은 될 것이다. 유찰을 거치더라도 90% 정도에 낙찰된다고 가정한다. 낙찰 금액이 9,000만 원인데 말소기준권리 800만 원과 경매비용 등을 제하더라도 보증금은 보전할 수 있다. 정말 희박하게 50% 이하에 낙찰되어 임차인이 보증금을 보전하지 못하는 경우가 생기지 않는 이상 대위변제를 하지 않을 것이다.

즉 대위변제는 선순위 말소기준권리의 금액을 임차인이 대신 변제하고도 손해 보지 않을 정도의 소액이거나 아니면 정말 어이없게 낮은 금액의 낙찰이 아니면 대위변제는 발생하지 않는다. 즉 부동산 경매를 하면서 만나기 힘든 경우다. 혹시 대위변제의 경우를 만난다 하더라도 앞서 설명한 것처럼 매각 허가 결정 전후에 얼마든지 불허가가 가능하다.

> 세대합가 – 부동산 경매에서 대항력의 유무를 떠나 임차인의 순위를 따질 때 그 임차인은 바로 세대주가 된다. 그런데 세대합가는 한 가족이 어떠한 이유로 주민등록이 분리되어 있다가 다시 합쳐지는 경우를 말한다.

예컨대 자녀의 학업을 이유로 아내와 아이들, 즉 세대원들이 먼저 이사를 와 전입신고를 하고 이후에 세대주가 뒤늦게 합류해 전입신고를 한 경우 대항력은 세대주와 세대원까지 포함하여 가장 먼저 전입한 날을 기준으로 대항력이 발생한다. 쉽게 예를 들어보자.

1순위 – 세입자 김씨(5,000만 원)
2순위 – ○○은행 근저당(1억 원) → 말소기준권리
3순위 – 세입자 박씨(1억 원)

위 경우 대부분 3순위 세입자 박씨는 소멸되므로 크게 신경 쓸 것이 없다. 조금 더 깊이 생각해보면 집주인이 경매 방해를 목적으로 가짜 세입자를 내세운 정도로 생각할 수도 있다. 하지만 막상 낙찰을 받고 봤더니 김씨와 박씨가 부부이다. 이런 경우 세대합가가 인정되어 말소기준권리보다 후순위에 있는 박씨도 대항력을 주장할 수 있다. 입찰보증금 날아가는 소리가 들린다.

그러나 법원 기록상에는 임차인 세대주의 전입한 날짜만 기록된다. 만약 설정된 말소기준권리 근저당보다 후순위라면 인수의 위험이 없다고 권리분석을 잘못해 입찰의 우를 범할 수 있다.

그러므로 입찰하기 전에 반드시 주민센터에서 전입세대 열람을 통해 세대의 현황을 확실하게 파악해야 한다. 전입세대를 열람하기 위해서는 열람인의 신분증과 증명자료(경매정보지)와 주민센터에 비치된 신청서 양식을 기재해 제출하면 된다.

제출 시 '동거인, 말소사항, 세대주보다 빠른 세대원'이 나오게 해달라고 꼭 요청한다. 혹자는 세대합가를 확인하기 위하여 주민등록초본을 꼭 확인하라고 하는데 개정된 주민등록법시행규칙(개정 2001.7.28.)에 따라 이해관계인이 아닌 경매 참가자의 경우 주민등록 등초본을 신청할 수 없다. 세대합가는 권리분석을 소홀히 했다가 자칫 빠지기 쉬운 함정이 될 수도 있다. 그러므로 후순위 임차인이 있는 물건은 꼭 직접 전입세대 열람을 하길 바란다. 나는 임차인 여부와 상관없이 무조건 전입세대 열람을 기본으로 한다.

🏠 알고 보면 쉬운 대항력과 우선변제권

    임차인이란 정해진 금액을 지불하고 물건을 빌려 쓰는 사람을 의미한다. 그리고 그것을 문서로 남기기 위해 임대차계약서를 작성한다. 부동산에서는 주거공간이나 상업공간에 일정한 금액을 지불하고 전세나 월세의 형태로 공간을 사용하는 사람이다.

    그렇다면 임차한 부동산이 경매에 넘어가면 과연 임차인의 보증금은 어떻게 될까? 결론부터 말하면 대항력을 갖추었으면 보증금을 지킬 것이고 그렇지 않다면 날릴 확률이 크다. 대항력이란 또 무엇일까?

    대항력 – 임대인에게 임차권을 주장하며 대항할 수 있는 권리이며 아울러 후순위 권리자에게 대항할 수 있는 권리이다.

    즉 보증금을 전부 변제받기 전까지는 명도를 거부할 수 있는 권리이다. "내 돈 내놓기 전까지는 여기서 계속 눌러 살 거야." 이렇게 합법적으로 주장할 수 있는 권리다. 대항력을 갖기 위해서는 점유와 전입신고를 해야 한다. 전입신고 다음 날 0시부터 효력이 발생한다. 혹시 이사하는 날 임대인이 근저당을 설정하고 은행에 대출을 받으면 어떻게 될까? 예를 들어 K씨는 4월 24일에 이사를 하기로 했다. 의심이 많은 K씨는 이사 당일에도 등기부등본을 확인했다. 아무런 권리관계도 없는 깨끗한 집임을 다시 한 번 확인하고 전세 잔금을 치르고 이사를 했다. 이사를 마치고 당일 날 바로 주민센터에서 전입신고와 확정일자까지 받아놓았다. 시간이 흘러 이 집이 경매에 넘어가게 되었다. 하지만 K씨는 걱정하지 않았다. 아무 권리도 없는 깨끗한 집에 이사 당일 전입신고를 했으므로 당연히 대항력이 발생하기 때문이다. 그런데 후순위로 보증금을 몽땅 날릴 수도 있다는 청천벽력 같은 소식을 접했다. 이유인즉 악덕 임대인이 이사 당일인 4월 24일에 은행으로부터 해당 부동산을 근저당 설정하고 대출을 받은 것이다.

이 경우 근저당은 당일에 효력이 발생한다. 하지만 K씨처럼 같은 날 전입신고를 하였다 하더라도 대항력은 다음 날 0시에 발생하므로 순위에서 밀린다. 즉 같은 날 근저당 설정과 전입신고를 하더라도 효력 발생은 근저당 설정은 4월 24일, 대항력 발생은 4월 25일이 된다. K씨가 얼마나 황당했을까. 요즘은 이러한 폐단을 막기 위해 금융기관에서 당일 전입자가 있는지 확인도 하고 임차인에게 사전 고지 없이 잔금을 치르는 당일에 근저당을 설정하면 임대인은 일종의 사기혐의로 형사처벌을 받을 수 있게 했다.

한때 집값 하락과 전세금 폭등으로 주택담보대출금과 전세금을 합한 금액이 경매 낙찰가보다 높은 소위 깡통전세가 여러 임차인을 공포에 떨게 한 적이 있다. 전세 보증금은 한 가정이 가진 전 재산이라고 해도 과언이 아닌 만큼 임차인은 대항력을 확보해 자신의 재산을 지켜야 한다. 입찰자는 임차인의 대항력 여부를 잘 판단해 인수하는 우를 범하지 말아야 한다.

우선변제권 - 이 권리는 경락대금에서 다른 채권자들보다 보증금을 우선적으로 돌려받을 수 있는 권리이다.

임차인은 전입신고와 함께 반드시 확정일자를 받아야 대항력이 생긴다. 대항력은 계속 거주할 수 있고 나의 보증금을 변제받을 수 있는 권리다. 영속성을 지니므로 보증금을 받지 않고는 명도를 거부할 수 있다. 우선변제권은 순위에 관한 권리다. 대항력과 달리 소멸성이므로 1차 경매에서 배당 요구를 하였다면 2차 경매에서 우선변제권을 주장할 수 없다. 배당 요구를 할 수 없으므로 낙찰자는 낙찰을 받더라도 보증금 전액을 인수해야 한다.

임차인이 전입신고와 확정일자를 받으면 물권적 효력이 생기는데 가장 대표적인 것이 바로 우선변제권이다.

여기서 우리는 대항력, 우선변제권, 말소기준권리의 상관관계를 한 번 알아보자. 가장 확실하고 빠르게 권리를 분석할 수 있는 방법은 앞에서 설명했듯이 가장 먼저 말소기준권리를 찾는 것이다. 무조건 기준부터 찾고 선후관계를 따져보자. 쉽게 아주 쉽게 다양한 경우의 수를 들어 우선변제권의 효력에 대해 자세히 알아보자. 여기 열 가지 경우의 수가 있다.

2016년 9월 1일	2016년 10월 1일	2016년 11월 1일
대항력(전입신고)	말소기준권리	우선변제권(확정일자)

말소기준권리보다 앞선 대항력이 있다. 하지만 확정일자가 후순위이므로 우선변제권은 없다. 낙찰자가 보증금 전액을 인수해야 한다.

2016년 9월 1일	2016년 10월 1일	2016년 11월 1일
대항력	우선변제권	말소기준권리

말소기준권리보다 대항력이나 우선변제권이 선순위이므로 임차인이 우선 배당받는다.

2016년 9월 1일	2016년 10월 1일	2016년 10월 1일
대항력	우선변제권	말소기준권리

말소기준권리와 확정일자가 같은 날이다. 배당은 안분배당이며 임차인은 대항력을 갖추었기에 낙찰자가 인수한다.

2016년 9월 1일	2016년 9월 1일	2016년 9월 1일
대항력	우선변제권	말소기준권리

말소기준권리와 전입신고, 확정일자의 날짜가 같다. 말소기준권리는 당일 효력이 발생하고 대항력과 우선변제권은 다음 날 0시에 효력이 발생하므로 대항력과 우선변제권이 없다.

2016년 9월 1일	2016년 9월 1일	2016년 11월 1일
대항력	말소기준권리	우선변제권

말소기준권리와 전입신고의 날짜가 같다. 대항력은 다음 날 0시에 발생하므로 대항력은 없다. 당연히 날짜가 늦은 우선변제권도 없다.

2016년 9월 1일	2016년 10월 1일	2016년 11월 1일
말소기준권리	대항력	우선변제권

말소기준권리가 가장 우선순위에 있으므로 대항력과 우선변제권 모두 없다.

2016년 9월 1일	2016년 10월 1일	2016년 11월 1일
우선변제권	대항력	말소기준권리

말소기준권리보다 확정일자나 전입신고가 우선순위이므로 대항력과 우선변제권을 갖추었다. 단 이때 우선변제권은 대항력을 갖춘 10

월 2일 0시로 본다.

2016년 9월 1일	2016년 10월 1일	2016년 11월 1일
우선변제권	말소기준권리	대항력

말소기준권리보다 확정일자가 앞서긴 하지만 전입신고가 늦으므로 대항력이 발생하지 않았다. 당연히 우선변제권도 없다.

2016년 9월 1일	2016년 9월 1일	2016년 9월 2일
대항력	우선변제권	말소기준권리

말소기준권리가 하루 늦고 전입신고와 확정일자가 하루 빨리 신고되었다. 대항력은 다음 날 0시부터 발생하므로 결국 9월 2일에 동일하게 효력이 발생한다. 하지만 대항력과 우선변제권은 9월 2일 0시에 발생하고 금융권의 근저당인 말소기준권리는 금융기관의 개점 시간인 오전 9시를 기준으로 하므로 시간상 임차인의 대항력과 우선변제권이 선순위가 된다.

2016년 9월 1일	2016년 9월 10일	2016년 9월 10일
대항력	우선변제권	말소기준권리

말소기준권리와 확정일자의 날짜가 같다. 안분배당을 하지만 대항력은 9월 2일 0시부터 발생해서 선순위이다.

위와 같이 발생할 수 있는 열 가지 경우의 수를 생각해보았다. 얼핏 굉장히 복잡하고 어려워 보인다. 하지만 몇 가지 원칙만 숙지하면 아주 쉽다. 대항력은 항상 전입신고 다음 날 0시에 발생한다. 우선변제권은 대항력이 전제되어야만 비로소 발생하기에 전입신고보다 우선 신고 해봐야 의미가 없다. 전입신고와 같은 날에 확정일자를 신고하면 대항력과 마찬가지로 다음 날 0시에 발생하고 전입신고 이후에 신고하면 신고 당일에 효력이 발생한다. 그리고 말소기준권리를 기준으로 순위를 따져보면 크게 어렵지 않다.

한 줄 팩트체크

- ☑ 말소기준권리란 낙찰 시 인수와 소멸되는 권리를 가늠하는 기준이다.
- ☑ 말소기준권리는 권리분석의 90%라고 해도 과언이 아니다.
- ☑ 사설 경매 사이트는 책임 소재가 불분명하다. 본인 확인이 필수다.
- ☑ 7개의 말소기준권리를 알아두자. 이 중에 전세권은 가변적이다.
- ☑ 대위변제나 세대합가 등의 가능성도 꼭 확인한다.
- ☑ 대항력은 임대인에게 임차권을 주장할 수 있는 강력한 권리다.
- ☑ 대항력은 낙찰자가 인수해야 되는 권리이므로 항상 조심해야 한다.
- ☑ 우선변제권은 보증금을 우선 돌려받을 수 있는 권리다.
- ☑ 대항력, 우선변제권, 말소기준권리의 경우의 수를 잘 따져본다.

등기부등본을 씹어 먹자

등기부등본은 해당 부동산의 역사이다. 생성에서 현재까지 어떤 과정을 거쳐왔는지 한눈에 볼 수 있게 정리해놓은 것이다. 부동산 경매를 한다면 등기부등본을 볼 줄 알아야 한다. 우리가 알고 있는 등기부등본은 2011년에 명칭이 변경되었다.

부동산등기법 및 관련 규칙에 의거하여 등기부등본은 "등기사항전부증명서"로 등기부초본은 "등기사항일부증명서"로 각각 공식 용어가 변경되었다. 하지만 등기부등본이라는 말은 지금도 관용적으로 많이 사용된다.

결국 같은 말이므로 권리분석하는 데 아무런 지장이 없다. 등기부등본은 권리분석에 있어서 가장 기본이 되는 서류다. 대부분 유료 경매 사이트에서 한눈에 보기 좋게 말소기준권리를 찾고 후순위 권리들을 일목요연하게 정리해두었다. 하지만 등기부등본과 직접 대조해보는 작업이 필요하다.

단독주택의 경우 건물과 토지를 나누어 건물에 대한 등기부와 토지에 대한 등기부 등 2개의 등기부가 존재한다. 하지만 아파트나 빌라 같은 공동주택은 집합건물로, 하나의 등기부만 존재한다. 등기부등본은 표제부, 갑구, 을구로 나누어진다.

표제부는 부동산 그 자체이며 말 그대로 외형에 관한 표시다. 앞서 단독주택의 설명에서처럼 토지는 토지등기부에, 건물은 건물등기부에 공시되지만 집합건물은 등기부등본에 건물과 토지가 함께 표시되며 해당 부동산의 소재지와 용도 및 구조 등을 기재해놓았다.

갑구는 소유권에 관한 사항을 기재하며 가압류, 가처분, 환매등기, 경매개시결정등기 등 소유권의 변동사항과 이러한 권리관계의 생성과 변경, 소멸에 관한 사항이 기재된다.

을구는 소유권 이외의 권리에 관한 사항을 기재하며 저당권, 전세권, 지상권, 지역권, 주택임차권 등이 기재된다.

갑구나 을구에 나오는 권리의 단어들이 다소 생소할 수 있다. 하지만 전혀 두려워할 필요가 없다. 이런 권리들은 자금의 흐름에 따라 설정되기도 하고 말소되기도 한다. 그러므로 선후 순위를 잘 따지면 된다. 결국에는 말소기준권리를 찾아 인수되는 권리와 말소되는 권리를 확인해 입찰 여부를 결정하기 위한 작업이다. 아래 그림을 보면서 차근차근 알아보도록 하자.

3장 이것만 알면 절반은 성공

[집합건물] 대전광역시			고유번호 1601-
(대지권의 표시)			
표시번호	대지권종류	대지권비율	등기원인 및 기타사항
1	1 소유권대지권	39743.2분의 52.8819	2006년3월6일 대지권 2006년3월9일

▶등기사항전부증명서

표제부는 외형이다. 부동산의 소재지와 현황에 대해 나열한다.

"등기사항전부증명서(말소사항 포함)-집합건물"이라고 되어 있다. 앞서 설명했듯이 집합건물이라 함은 토지와 건물이 합쳐진 형태로 아파트나 빌라 같은 공동주택을 이야기한다. 표제부 각 항목의 세부내용을 알아보자.

【표제부】(해당 부동산의 표시)				
표시번호	접수	소재지번, 건물 명칭 및 번호	건물 내역	등기 원인 및 기타 사항
등기 순서번호	등기 접수 날짜	해당 부동산의 주소지	건물의 구조, 크기, 층 수	등기 원인 및 기타 사항

표제부는 해당 부동산의 표시를 크게 4가지로 나누었다.

❶ 1동의 건물의 표시
❷ 대지권의 목적인 토지의 표시

❸ 전유부분의 건물의 표시

❹ 대지권의 표시

이렇게 4가지로 나누어 구성되어 있으며 1동의 건물의 표시와 대지권의 목적인 토지의 표시는 건물 전체에 대한 내용이다. 말 그대로 해당 건물과 그 건물이 버티고 서 있는 땅(토지)에 대한 내용이다. 아파트의 경우 전 층에 대한 건물 내역이 나온다. 그리고 전유부분의 건물의 표시, 대지권의 표시는 해당 세대 한 세대에만 국한된 내용이다. 제시된 표제부를 보면서 좀 더 자세하게 알아보자.

1. 1동의 건물의 표시

등기 접수일과 주소 건물의 구조, 즉 뼈와 살이 무엇으로 되어 있는지, 그리고 용도나 면적 등이 기록되어 있다. 자세히 보면 이상한 점을 발견할 수 있다. 표시번호 1번 항목에 있는 소재지번이나 건물 내역, 등기 원인, 기타 사항 등에 빨간 줄이 그어져 있다. 이런 식으로 빨간 줄로 표시된 부분은 말소된 부분이다. 예전에는 이러했지만 지금은 바뀌었다는 표시다. 그러므로 말소시키고 다시 표시한다는 의미다. 위의 경우는 표시번호 2번 항목의 등기 원인 및 기타 사항에 보면 도로명 주소라고 되어 있는 걸로 봐서 기존의 주소가 도로명 주소로 바뀌면서 기존의 것이 말소되고 새롭게 표기된 것이다.

2. 대지권의 목적인 토지의 표시

해당 건물이 속해 있는 토지에 대한 내역이다. 토지의 주소와 면적이나 지목 등이 표시되어 있다. 지목이란 그 토지의 용도를 말하는데 위의 경우 "대"라고 표시되어 있다. "대지"라는 뜻이다. 대지는 건축물을 건축할 수 있는 땅을 일컫는다.

3. 전유부분의 건물의 표시

공유가 아니라 전유부분에 대한 표시다. 해당 세대에만 국한된 표시이며 지극히 개인적인 부분이다.

경매에 나온 물건의 정확한 호수, 면적, 구조를 알 수 있다. 위의 경우를 보면 2005년 3월 9일에 등기가 접수되었고 6층 중 601호에 대한 열람이며 철근콘크리트 구조로 되어 있다. 전용면적이 83.2813㎡이다. 즉 평으로 환산하면 25.19평 정도다.

4. 대지권의 표시

집합건물이 속한 대지 중에서 해당 세대의 지분을 표시한다. 예컨대 대지가 1,000평인데 같은 평수의 세대가 1,000세대라면 세대당 1평씩의 대지 지분을 가진 셈이다. 단위는 제곱미터로 표시된다. 위의 경우는 전체 대지 39743.2㎡ 중에서 601호의 지분이 52.8819㎡가 된다는 내용이다. 평수로 따지면 15.99평, 즉 601호는 15.99평의 대지 지분을 갖는다는 의미다.

▶갑구 소유권

표제부에 이어 갑구는 소유권에 관한 권리관계를 볼 수 있다. 압류, 가압류, 경매개시결정등기 같은 소유권에 관한 권리관계를 알 수 있으며 정확하게 소유자를 확인할 수 있다. 갑구의 각 항목을 살펴보자.

【갑 구】(소유권에 관한 사항)				
순위번호	등기 목적	접 수	등기 원인	권리자 및 기타 사항
등기 순서번호	소유권 취득	접수 날짜와 접수번호	매매나 기타 등기의 원인	등기권자의 인적사항 및 기타 사항

❶ **순위번호** – 등기한 순서를 나타내며 숫자로 표시된다. 기재된 순서에 따라 각 권리 간의 우선순위가 정해진다.

❷ **등기 목적** – 등기의 내용이나 종류를 표시한다.

❸ **접수** – 등기신청서를 접수한 날짜이며 접수하면서 부여받은 접수 번호를 표시한다.

❹ **등기 원인** – 매매나 임대 설정 계약이나 해지 등 말 그대로 등기의 원인이 된 날짜를 표시한다.

❺ **권리자 및 기타 사항** – 부동산등기권자의 인적사항이나 기타 권리 사항, 거래가액이나 설정된 권리에 따른 청구 금액을 표시한다.

제시된 갑구의 순위번호 순서대로 내용을 좀 더 자세히 알아보자.

순위번호1 – 등기 목적에 "소유권 보존"이라고 되어 있는데 처음 준공 당시 아직 분양이 안 된 보존등기의 상태를 표시한 것이며 소유자는 건축 주체인 '주식회사 현진종합건설'이 된다. 여기서 한 가지 순위번호1과 2 사이에 묘하게 1-1로 표기된 부분이 보인다. 이런 식의 표시를 부등기라고 하는데 위의 경우 1번 소유자의 주소나 명칭변경 등 크게 중요하지 않은 내용의 표시를 의미한다.

순위번호2 – 소유권 이전이라고 되어 있는데 등기 원인에 2003년 1월 11일은 그날 매매계약을 했고 접수에 있는 2005년 4월 26일은 입주 및 등기를 신청했다는 얘기가 된다. 즉 소유자 박○○ 씨가 맨 처음 분양받아 입주한 것으로 보인다. 참고로 부동산 경매에서는 이렇게 한 세대가 맨 처음 분양받아서 경매로 나오기까지 소유자가 바뀌지 않은 경우가 좋다. 여러 사람이 들고 나는 것보다 한 사람이 오래 사는 것이 집의 보존상태가 훨씬 좋기 때문이다.

순위번호3 - 서울 소재의 ○○저축은행으로부터 가압류가 설정되어 있다. 등기 원인에 사건번호를 보면 "카단"이라고 되어 있다. 가압류 사건을 지칭한다.

순위번호4 - 인천 소재의 또 다른 ○○저축은행으로부터 임의경매개시결정이 되었다. 등기 원인과 접수를 보면 똑같이 2월 3일이다. 등기 원인의 사건번호를 보면 "타경"이라고 되어 있다. 경매 사건을 지칭한다. 이해를 돕기 위해 법원의 문건 송달 내역을 발췌하였다. 등기부등본 이외의 문건/송달 내역을 보면 임의경매개시결정 바로 다음 날인 2월 4일에 감정인으로부터 평가명령, 채권은행으로부터 개시결정정본, 채무자에게 개시결정정본이 발송되었다.

송달일	송달 내역	송달 결과
2015.02.04	감정인○○○ 평가명령 발송	2015.02.05 도달
2015.02.04	채권자 주식회사 ○○저축은행 대표이사 조○○ 개시결정정본 발송	2015.02.05 도달
2015.02.04	채무자 겸 소유자 박○○ 개시결정정본 발송	2015.02.09 폐문부재

▶문건 송달 내역

[집합건물] 대전광역시				고유번호 1601-
【 을 구 】 (소유권 이외의 권리에 관한 사항)				
순위번호	등 기 목 적	접 수	등 기 원 인	권 리 자 및 기 타 사 항
1	근저당권설정	2005년4월26일 제46811호	2005년4월26일 설정계약	채권최고액 금107,900,000원 채무자 대전 근저당권자 주식회사국민은행 110111-2365321
2	근저당권설정	2007년1월18일 제5326호	2007년1월18일 설정계약	채권최고액 금19,500,000원 채무자 대전 근저당권자 주식회사국민은행 110111-2365321
3	근저당권설정	2008년2월20일 제14010호	2008년2월20일 설정계약	채권최고액 금9,600,000원 채무자 대전광역시 근저당권자 주식회사국민은행 110111-2365321
4	근저당권설정	2010년6월21일 제58638호	2010년6월21일 설정계약	채권최고액 금189,600,000원 채무자 대전광역시 근저당권자

[집합건물] 대전광역시				고유번호 1601-
순위번호	등 기 목 적	접 수	등 기 원 인	권 리 자 및 기 타 사 항
5	1번근저당권설정, 2번근저당권설정, 3번근저당권설정 등기말소	2010년6월21일 제58634호	2010년6월21일 해지	
6	근저당권설정	2011년7월21일 제70573호	2011년7월21일 설정계약	채권최고액 금239,200,000원 채무자 대전 근저당권자 저축은행 120111-
6-1	6번등기명의인표시변경		2011년10월31일 도로명주소	저축은행
7	4번근저당권설정등기말소	2011년7월21일 제70574호	2011년7월21일 해지	

▶을구 소유권

을구는 소유권 이외의 권리사항이 표시된다. 저당권, 전세권, 지역권, 지상권 등이다. 위 을구를 보면 유난히 검은 선이 많다. 말소사항이 그만큼 많다는 이야기다. 제시된 을구의 순위번호 순서로 내려가면서 내용을 좀 더 자세히 알아보자.

순서번호 1, 2, 3, 4번은 등기 원인에 있는 날짜에 근저당이 설정되었다. 한 가지 주목할 점은 1~3번까지는 국민은행에서 근저당을 설정했지만 4번을 보면 ○○캐피탈로 설정되어 있다.

국민은행에서 더 이상 대출을 받기 힘든 상황이었을 것으로 추정된다. 5번을 보면 위의 1~3의 근저당을 2010년 6월 21일에 깨끗이 말소시켰다. 6번을 보면 그로부터 13개월 뒤인 2011년 7월 21일에 ○○저축은행으로부터 근저당이 다시 설정된다.

채권 최고액이 2억 3,920만 원인 걸로 봐서 대충 120% 계산을 해보면 2억 원 정도를 대출한 것으로 볼 수 있다.

채권 최고액이란? 근저당 설정 시 현재나 미래에 발생할 수 있는 채권으로 일정한 금액을 한도로 설정된다. 대출받은 주체가 이자를 연체하거나 채무액을 변제하지 못할 경우를 대비해 금융기관에서 미리 20~30% 정도 높게 책정한 금액이다.

채권 최고액이 1억 2,000만 원이라면 실제 대출 금액은 1억 원 정도라고 생각하면 된다. 6-1은 도로명 주소를 등기 원인으로 하여 등기 명의인 표시를 변경하였다는 내용이다. 7번은 위 4번의 ○○캐피탈의 근저당을 말소하였다는 내용이다.

이렇게 등기부등본은 해당 부동산의 역사를 보여준다. 어떤 과정을 거쳐서 현재에 이르렀는지 한눈에 볼 수 있다. 그렇다면 등기부등본을 기준으로 말소기준권리를 찾아 정확하게 권리분석을 해보자. 우선 표제부는 순위를 다투는 내용은 아니므로 갑구와 을구에서 등기 원인이 된 순서를 나열해보자.

❶ 2003년 1월 11일 소유권 이전(갑구2)
❷ 2011년 7월 21일 근저당 설정(을구6) – 말소기준권리
❸ 2014년 12월 18일 가압류 설정(갑구3)
❹ 2015년 2월 3일 임의경매 신청(갑구4)

설정된 날짜별, 순서별로 정리해보면 이런 식이 된다. 말소하지 못하고 남아 있는 근저당 설정이 말소기준권리가 된다. 우리가 이용하는 유료 경매 사이트에서도 이렇게 등기부등본을 기초로 권리의 순서를 파악한다. 이것이 곧 권리분석의 기본이다. 그러므로 경매 사이트에서 제공하는 권리분석을 참고하여 등기부등본을 보며 직접 확인해 보는 것이 좋다. 의심하고 확인하는 것은 부동산 경매에서 기본 중의 기본이다.

한 줄 팩트체크 🔍

- ✅ 등기부등본 공식 명칭은 등기사항전부증명서이다.
- ✅ 등기부등본은 표제부, 갑구, 을구로 나누어진다.
- ✅ 표제부는 외형이다. 부동산의 소재지와 현황에 대한 표시다.
- ✅ 갑구와 을구는 소유권과 권리사항에 대한 표시다.
- ✅ 채권 최고액은 금융기관에서 미리 20~30% 높게 책정한 금액이다.
- ✅ 등기부등본은 권리분석의 기초가 된다.

알면 요긴한 **주택임대차보호법**

제1조(목적) : 이 법은 주거용 건물의 임대차賃貸借에 관하여 「민법」에 대한 특례를 규정함으로써 국민 주거생활의 안정을 보장함을 목적으로 한다.

주택임대차보호법 최종 공표 내용이다. 소액 임차인들은 본인이 임차해 살고 있는 주택의 보증금이 전 재산이나 다름없다. 그런데 잘못된 임차로 인해 위험에 처할 수도 있다. 이 경우 제도적으로 전세 보증금을 지킬 수 있도록 한 법이다. 어찌 보면 상가임대차보호법도 같은 맥락이다. 주거공간이냐? 상업공간이냐? 그리고 금액의 차이가 있을 뿐 어차피 임대하는 형태는 같다. 그런데 부동산 경매를 하는 사람이 왜 이 법을 알아야 할까? 입찰을 하고 최고가매수인이 되면 그뿐인데 왜 소액 임차인을 보호하는 법까지 알아야 할까?

첫 번째는 임차인의 현황을 파악해야 하기 때문이다. 대항력이 있는 임차인인가? 대항력이 없어 몽땅 날리고 나가는 임차인인가? 아님 주택임대차보호법상 적용을 받는 소액 임차인인가? 이 부분을 정확히 알아야 한다. 그래야 입찰 단계에서부터 명도까지 전체 그림을 그릴 수 있다.

두 번째는 배당과 밀접한 연관이 있으므로 알고 있어야 한다. 대항력 있는 임차인이 있는 경우처럼 말소되지 않는 몇 가지 경우를 제외하면 경매로 매각되는 물건의 권리들은 배당과 상관없이 모두 소멸한다. 법원 경매는 절차가 중요하다. 기, 승, 전, 결의 순서가 명확하다. 왜냐면 우선 설정된 순서대로 순위를 다투기 때문이다. 낙찰이 되고 해당 사건이 종결처리되면 배당 역시 정해진 순서가 있다. 어떤 순서로 배당이 이루어지는지 알아보자.

순위	구분	권리 종류
0	경매 집행비용	경매 진행에 따라 발생한 비용
1	필요비, 유익비	해당 부동산에 사용된 필요비, 유익비
2	소액 보증금, 임금채권	임대차보호법상 보증금 일정액 근로기준법에 의한 근로자 임금채권 (3개월치 임금, 3년분 퇴직금 등)
3	당해세	경매 목적 부동산 자체에 부과된 국세, 지방세

4	담보물권	확정일자 부 임차인의 보증금 담보물권: 근저당, 가등기, 전세권, 임차권
5	일반 임금채권	2순위 변제 후 잔여 금액
6	조세채권	담보물권 후순위 조세채권
7	공과금	건강보험료, 국민연금, 산재보험료 등
8	일반 채권	가압류, 가처분 등의 일반 채권

배당 순위는 법령 개정 등에 의해 다소 변동이 생길 수는 있지만 현재는 이런 순으로 배당이 진행된다. 0순위의 경매 집행비용은 각종 수수료와 인지대, 감정평가비용 등이 포함되어 있다. 오랜 기간 유찰이 반복된 물건이 아니면 거의 200~300만 원선이라 보면 된다. 1순위의 필요비는 부동산의 유지관리를 위해 사용된 비용이며 유익비는 부동산의 가치를 증가시킬 목적으로 사용된 비용이다. 2순위 소액 보증금이 주택임대차보호법에서 규정한 최우선 변제를 받을 수 있는 권리이다. 소액 임차인을 보호하려는 취지가 순위에서도 나타난다.

그럼 임차인은 무엇을 해야 할까? 어차피 법에서 보호하므로 그냥 가만히 있어도 될까? 천만의 말씀이다. 최우선 변제를 받기 위해서는 임차인도 본인이 해야 할 부분을 확실히 해둬야 한다. 우선 임차인은 법원의 경매 개시 결정 전에 주택의 인도와 전입신고를 하여 대항력을 갖춘다. 아무리 보호를 받는 소액 임차인이라고 하더라도 법원의 경매 개시 결정 전까지 주택의 인도와 전입신고를 하지 않았다면 소액 임차인으로서 보호받지 못한다.

단 확정일자는 최우선 변제를 받기 위한 필수요소가 아니다. 또한 법원에서 정한 배당 요구 종기일 전까지 배당 신청을 해야 한다. 혹자는 법원에서 알아서 연락이 온다고 하는데 역시 천만의 말씀이다. 임차인이 직접 알아보고 최소한의 권리행사를 해야 한다. 그래야만 배당에 참여할 수 있다. 전 재산과 같은 내 돈이 보증금으로 이 집에 묶여 있다. 행동해야 한다.

그렇다면 소액 임차인이면 무조건 전액을 다 배당받을 수 있을까? 과연 어떤 형태로 배당이 이루어질까? 배당받는 최우선 변제 금액은 얼마나 될까? 보증금의 몇 %나 될까? 배당받는 방법에서 주의할 점은 없는가? 여러 가지 변수에 대하여 알아보자.

기간	지역	소액 보증금 범위	최우선 변제금
2001.09.15 ~ 2008.08.20	수도권 과밀억제권역	4,000만 원	1,600만 원
	광역시(인천, 군 제외)	3,500만 원	1,400만 원
	기타 지역	3,000만 원	1,200만 원
2008.08.21 ~ 2010.07.25	수도권 과밀억제권역	6,000만 원	2,000만 원
	광역시(인천, 군 제외)	5,000만 원	1,700만 원
	기타 지역	4,000만 원	1,400만 원

2010.07.26 ~ 2013.12.31	서울특별시	7,500만 원	2,500만 원
	수도권(서울 제외)	6,500만 원	2,200만 원
	광역시	5,500만 원	1,900만 원
	기타지역	4,000만 원	1,400만 원
2014.01.01 ~ 2016.03.30	서울특별시	9,500만 원	3,200만 원
	수도권(서울 제외)	8,000만 원	2,700만 원
	광역시	6,000만 원	1,500만 원
	기타지역	4,500만 원	1,500만 원
2016.03.31 ~ 현재	서울특별시	1억 원	3,400만 원
	수도권(서울 제외)	8,000만 원	2,700만 원
	광역시	6,000만 원	2,000만 원
	기타지역	5,000만 원	1,700만 원

▶소액 임차인 보증금 기준표

위 소액 임차인 보증금 기준표를 참고하면 쉽게 소액 임차인이 배당받는 최우선 변제금을 알 수 있다. 하지만 한 가지 알아야 할 사실은 소액 보증금의 기준이 되는 기간은 임차인의 전입 시기가 아니고 최초 설정된 근저당 설정 시기를 기준으로 한다.

날짜	권리
2012년 4월 24일	○○은행 근저당 설정
2016년 4월 24일	임차인 전입

예를 들어 서울특별시 기준으로 201쪽 표와 같은 권리관계를 가진 물건이 있다고 치면 2012년 4월 24일에 근저당이 설정되었고 그 이후 2016년 4월 24일에 임차인이 전입을 하였다. 이런 경우 소액 보증금의 범위는 2016년 3월 31일 기준의 1억 원이 아니라 2010년 07월 26일 ~ 2013년 12월 31일 사이에 해당한다. 왜냐고? 소액 보증금의 기준이 되는 기간은 전입 시기가 아니라 최초 근저당 설정일이 기준이 되기 때문이다. 2012년 4월이므로 7,500만 원이다. 당연히 배당받는 최우선 변제금도 3,400만 원이 아니라 2,500만 원이다.

또 한 가지 변수도 생각해볼 수 있다. 최우선 변제금의 보장한도는 낙찰 금액의 1/2 범위 내에 한하므로 그나마 주택임대차보호법에서 규정한 금액보다 적은 금액을 배당받을 수도 있다.

주택임대차보호법은 소액 임차인의 재산을 보호하고 국민의 주거 생활 안정을 보장하는 것을 목적으로 하는 좋은 취지의 법이다. 하물며 무허가나 미등기 건물이라도 주거용으로 인정될 만한 충분한 요건만 갖추고 있으면 이 법의 적용 대상이 된다. 최우선 변제권을 가진 소액 임차인이 있는 물건이 어떤 식으로 배당되었는지 경매정보지에서 지난 사건들의 배당을 찾아보는 것도 많은 도움이 된다.

한 줄 팩트체크

- ☑ 주택임대차보호법은 정해진 소액 임차인들을 보호하기 위한 법이다.
- ☑ 주택임대차보호법은 국민 주거생활의 안정 보장을 목적으로 한다.
- ☑ 임차인의 형태를 정확히 파악해야 입찰과 명도가 원활해진다.
- ☑ 부동산 경매 시 이루어지는 배당의 순서를 알고 있으면 유리하다.
- ☑ 배당에 참여하기 위해 임차인이 최소한의 권리행사를 해야 한다.
- ☑ 소액 임차인이라도 전액을 배당받지는 못한다. 기준표를 참조한다.
- ☑ 보증금의 범위는 임차일이 아니라 최초 근저당 설정일이 된다.

경매의 목적은 수익이다!

정신 바짝 차리자. 권리분석을 잘못하면 기천만 원의 입찰보증금이 한순간에 날아간다. 돈을 벌어도 시원찮을 판국에 입찰보증금을 날리면 정말 허탈하다. 권리분석에 필요한 모든 자료들이 등기부등본에만 나타나면 별로 두려울 것이 없겠지만 등기부등본에 표시되지 않은 이른바 무시무시한 권리들이 있다.

주택임대차보호법상 보호를 받는 임차인의 임차권, 법정지상권, 유치권 등이 대표적이다. 특히 법정지상권이나 유치권은 항상 인수되므로 정신 바짝 차려야 한다. 하지만 법정지상권은 토지와 건물에 관한 권리이므로 주거용 건물과 관련한 경매에는 거의 등장하지 않으며 유치권도 병원이나 상가, 공장용지 등 비주거용 건물과 관련하여 발생한다. 간혹 아파트나 빌라에 유치권 신고가 된 경우가 있는데 대부분이 허위일 가능성이 크고 조금만 조사해봐도 유치권이 성립되지 않는다는 것을 알 수 있다. 경매에서 유치권은 공사대금이 원인이 되어 발생하는 경우가 대부분이다. 유치권의 성립 여부도 간단한 것은 아니다. 해당 부동산에서 발생한 채권이어야 하고 또한 유치권을 주장하는 부동산을 계속적으로 점유하고 있어야 한다. 이외에도 채무자와 유치권자가 유치권을 배제하는 특약이 없어야 한다. 법정지상권이나 유치권 등은 법원 경매 기록이나 유료 사이트에서 성립 가능성에 대하여 언급해놓은 경우도 있지만 그렇지 않은 경우도 많으므로 항상 조심한다. 그리고 말소기준권리보다 앞선 선순위 임차인이 배당 신청을 하지 않은 경우도 낙찰자에게 인수되는 권리이므로 주의한다.

구분	입찰기일	최저매각가격	결과
1차	2011-08-17	400,000,000원	유찰
2차	2011-09-27	280,000,000원	유찰
3차	2011-11-01	196,000,000원	낙찰
낙찰 223,600,000원(55.9%) / 1명 / 불허가			
4차	2011-12-06	196,000,000원	유찰
5차	2012-01-10	137,200,000원	유찰
6차	2012-02-21	96,040,000원	낙찰
낙찰 131,215,000원(32.8%) / 3명 / 미납			
7차	2012-05-01	96,040,000원	낙찰
낙찰 134,000,000원(33.5%) / 1명 / 미납			
8차	2012-07-17	96,040,000원	유찰
9차	2012-08-28	67,228,000원	낙찰
낙찰 80,019,000원(20%) / 1명 / 미납			
10차	2012-11-13	67,228,000원	낙찰
낙찰 80,020,000원(20.01%) / 1명 / 미납			

▶ 입찰기일과 최저매각가격

205쪽 표를 보면 낙찰대금이 계속 미납되는 것을 볼 수 있다. 2011년 당시 감정가 4억 원이던 주거용 건물이 2년여가 흐르면서 3억 원대 초반으로 떨어졌다. 거기다 임차 보증금 2억 5,000만 원의 선순위 임차인이 배당 신청도 하지 않았다. 당연히 낙찰자가 인수해야 하는 상황이다. 9차와 10차에 낙찰받은 낙찰자도 비록 8,000만 원선에서 낙찰받긴 했지만 임차 보증금을 인수하면 3억 원이 넘어간다. 고민 끝에 미납했을 것으로 추측된다. 이 건물은 12차에 걸쳐 경매가 진행되었으며 끝내 낙찰되었다. 또 대항력을 갖춘 선순위 임차인이 배당 신청을 했더라도 적은 낙찰가로 인해 배당금을 전부 받아가지 못하는 경우 잔여분에 한해 낙찰자가 인수해야 한다. 이런 부분은 꼭 예상하고 입찰에 참여해야 한다. 선순위 세입자의 보증금을 이렇게 낙찰자가 인수해야 하므로 부담이 크다. 앞서 언급했지만 다시 한 번 선순위 임차인에 대하여 정리해보자. 주택을 점유하고 전입신고를 함으로써 대항력을 갖추었으며 확정일자까지 받아 우선변제권을 취득한 임차인은 전액을 돌려받으므로 주의하여야 한다. 대항력을 가진 만큼 계약기간 만료 시까지 거주할 수 있는 권리를 가지며 배당 신청을 하지 않았으면 낙찰자가 그대로 인수해야 한다. 그나마 배당 신청을 했다면 다행이지만 신청을 했다 하더라도 낙찰대금에서 100% 충당이 안 되면 낙찰자가 잔여분을 물어줘야 한다. 또 선순위 임차인이 점유와 전입신고로 대항력은 갖추었으나 우선변제권이 없는 경우 이런 경우도 낙찰자가 선순위 임차인의 권리를 인수해야 한다. 이렇게 곳곳에 함정이 도사리고 있다. 간혹 입찰 법정에서 땅을 치는 사람을 만날 수 있는데 한눈에 봐도 어떤 상황인지 예상할 수 있다. 바로 위에 예로 든 6차, 7차, 9차, 10차에 낙찰받은 사람이 바로 그런 사람들이 아닐까?

　미납이라는 멍에를 쓰고 입찰보증금과는 영원한 작별을 고할 수밖에 없다. 잘못된 시세분석과 권리분석이 가져다준 참상이다. 어떤 투자를 하든 결국 책임은 본인의 몫이다. 엄청난 수익을 올려 여유로운 삶을 누리거나 말 그대로 톡 털어먹고 비참한 삶을 살아가거나 어떤 삶이 되었건 담담히 받아들여야 하는 것이다. 쪽박과 대박이 있다. 당신이 원하는 것은 무엇인가? 정신 바짝 차리자. 낙찰을 받기 위한 경매가 아니라 수익을 얻기 위해 경매한다는 사실을 꼭 명심하자.

4장
생생한
실전 에피소드

바람난 아내 그리고 체납 관리비

"달랑 애들 둘밖에 없는데 어떻게 전기를 끊고 수도를 끊습니까? 말이 되는 소리를 하셔야지요."

"물론 소장님 말씀도 이해는 하지만 그렇다고 이제 와서 낙찰자에게 몽땅 물어내라는 것은 말이 됩니까?"

"저는 절대 전액 못 드립니다."

"전유부분, 공유부분 나누어서 고지서 주세요."

"아 그래요. 그렇다면 저희 관리소 측에서도 이사하는 날 협조 못 해드립니다. 알아서 하세요."

몇 시간째 지루한 공방이 이어졌다. 답답했다. 깡마른 체격에 카랑카랑한 목소리의 아파트 관리소장은 한 치의 물러섬 없이 대쪽 같은 자세로 낙찰자를 압박해왔다.

당장이라도 해결할 수 있을 것 같았는데 합을 겨루면 겨룰수록 낙찰자의 패색이 짙어갔다. 책에서는 분명 체납 관리비에 대하여 낙찰자는 공유부분만 책임지면 된다고 했는데 뭐가 잘못된 걸까? 상황이 이상하게 돌아간다. 실전은 달라도 너무 달랐다.

"아이고, 사장님 제발 부탁 좀 드립니다. 사장님처럼 부동산 경매하시는 분들이야말로 저희 같은 월급쟁이들을 살려주셔야지요. 관리비 그거 얼마나 한다고."

노련한 관리소장은 주장을 굽히지 않고 밀고 당기기를 하다가 마지막엔 이런 식으로 읍소하듯 말했다. 감당이 되지 않았다. 알고 보면 나도 월급쟁이인데 부동산 경매하는 사람은 마치 부자라도 되듯 말하는 관리소장이 야속했다.

체납 관리비 250만 원의 무게가 어깨를 내리눌렀다. 기억을 거슬러 올라가면 홍성의 한 아파트에 현장조사를 나갔을 때도 체납 관리비 문제로 관리소장과 고성이 오간 적이 있다. 멱살잡이로 번질 뻔했지만 주변의 만류로 다행히 멈추었다. 요점은 전유부분과 공유부분에 대한 견해 차이를 좁히지 못했던 것이다. 결국 홍성의 아파트는 입찰하지 않았다.

🏠 아이들만 있는 집

    2012년 겨울이었다. 한 아파트가 눈에 들어왔다. 내가 사는 동네와 불과 얼마 떨어지지 않은 곳이라 주변 인프라나 시세 등을 잘 알고 있는 지역이었다. 정남향에 큰 도로와 약간 떨어져 조용하고 바로 앞이 어린이 놀이터라 맞은편 아파트와 간격도 넓고 아이들 노는 모습도 볼 수 있는 곳이었다. 15층 중 10층에 위치해 종일 해가 잘 들었다. 주변 교통 여건도 괜찮았고 무엇보다 자연환경이 참 좋았다.

    딱히 현장조사라고 할 것도 없이 출퇴근할 때마다 해당 아파트를 한 번씩 둘러보았다. 어떤 날은 불이 켜져 있고 어떤 날은 이른 시간인데도 불이 꺼져 있었다. 별다른 징후는 없었지만 그래도 시간이 날 때마다 현장을 찾았다. 서류를 봤을 때 권리상의 문제는 없는 깨끗한 물건이었다.

    그러던 어느 날 경비원과 잠깐 대화를 나눌 기회가 생겼다. 경비원이 고개를 절레절레 저으며 "골치 아픈 집이에요. 맨날 찾아가도 애들만 있고 어른들은 없어요"라고 했다. 관리비도 많이 밀려 있어서 관리소장에게 등 떠밀려 하는 수 없이 세대를 방문하지만 아이들만 있는 집이라 어찌 해야 하나 참 난감하다고 말했다. 체납 관리비가 250만 원이나 밀려 있는 걸로 봐서 1년 훨씬 넘게 미납되었다는 이야기다.

그렇다면 어른들은 어디서 무얼 하고 아이들만 있을까? 내막이 궁금했다. "아이들만 있는 집." 이 한마디가 계속 귓전을 맴돌았다. 어른 없는 집을 명도할 수도 있다는 우려 때문에 입찰이 망설여졌다. 부동산 경매를 하면 현장조사 단계에서 어느 정도 명도의 난이도를 가늠할 수 있다. 하지만 이것저것 따지다보면 도대체 언제 낙찰을 받는단 말인가.

아이들만 있는 집에 대한 고민이 깊어졌지만 체납 관리비를 어느 정도 감안하고 입찰가를 산정해 입찰해보기로 했다.

낙찰 그리고 점유자를 만나다

운이 좋았는지 2등과 근소한 차이로 덜컥 낙찰을 받고 말았다. 정말이지 스스로 낙찰을 받았다기보다 그냥 받아지고 말았던 것이다. 반신반의하며 입찰했는데 너무나 우렁차게도 법정에 내 이름 석 자가 울려 퍼졌다. 낙찰의 기쁨보다 명도에 대한 부담이 확 밀려왔다.

아이들만 사는 집이었지만 엄연히 점유자는 아이들의 아버지로 되어 있었다. 전화번호를 입수해 몇 차례 전화와 문자를 보내며 아이들의 아버지에게 접촉을 시도했다. 다행히 채무자와 연락이 닿았다. 업무 특성상 거의 지방에 나와 있다 보니 집에 들어가는 날이 얼마 되지 않는다고 했다. 지금도 지방 출장 중이니 조금만 시간을 달라고 부탁조로 말했다. 잔금 납부까지 마무리한 상황이라 마음이 조급했지만 할 수 없이 기다려야 했다.

며칠의 시간이 지나고 점유자와 만날 약속을 조율했다. 나는 퇴근 이후 저녁시간에 만나기를 원했지만 점유자는 한사코 아이들이 학교에 있을 시간인 오전에 만나자고 요구했다. 아이들에게 이런 상황을 말하지 않은 듯했다. 아이들을 배려하는 아버지의 마음이 느껴져 나는 오전 반차를 내자고 마음먹었다.

어색한 만남이 드디어 이루어졌다. 아버지는 과연 어떤 사람일까? 찻잔을 사이에 두고 본격적인 대화가 이어졌다. 첫 만남은 탐색전이다. 상대방의 외모나 성향이 어떤지, 냉정하게 현재 상황이 어느 정도인지를 탐색하는 것이다. 아이들의 아버지도 여느 점유자와 다름없이 역시나 푸념부터 이어졌다.

점유자는 대부분의 업무가 지방에서 이루어지고 3~4주에 한 번꼴로 집에 왔다. 어느 순간부터 약간 이상한 낌새를 눈치챘지만 큰 의심 없이 월급 꼬박꼬박 보내고 열심히 일한 죄밖에 없는데 아내가 바람이 났단다. 그동안 보내준 월급도 몽땅 써버리고 집 안에 어지간한 패물과 가전제품까지 팔다가 살고 있는 집까지 저당 잡은 채 눈 맞은 남자와 도망을 갔다는 스토리였다. 아이들까지 내팽개치고 말이다.

간혹 점유자는 낙찰자로 하여금 이사비를 한 푼이라도 더 받을 요량으로 신파적인 내용을 지어내기도 한다는 말을 들은 적 있다. 아이들 아버지의 말을 어디까지 믿어야 할지 난감했다. 흡사 이혼 문제를 다루는 〈사랑과 전쟁〉에 나올 법한 이야기를 주저리주저리 들려주었다. 나는 점유자를 만날 때면 혹시나 있을 일에 대비해 항상 휴대전화로 대화 내용을 녹음한다. 하지만 그날은 녹음이 별 필요가 없었다. 점유자의 이야기를 충분히 들어준 후 나는 "이 집은 개인 차원에서 낙찰받은 집이 아니라 단지 명의만 빌려주었을 뿐 경매전문회사에서 낙찰받은 것이다"라고 설명했다. 있지도 않은 경매전문회사를 내세운 것은 나에게 전권이 없고 회사의 결재를 받아야 한다는 사실을 인식시켜 명도에서 우위를 점하려는 나름의 작전이었다. 나는 혼자가 아니라 내 뒤에 든든한 회사가 버티고 있다고 으름장을 놓은 것이다. 그리고 어차피 이사를 가야 하므로 빠른 시일 내에 원만하게 마무리되기를 바란다고 덧붙였다.

내 말에 점유자는 시큰둥한 표정을 짓더니 아직 이사할 집을 구하지 못했다고 했다. 당장 돈이 없어서 곧장 이사를 가기는 힘들다고 했다. 친척들에게 손을 벌려봐도 다들 어렵다고 외면하는 상황이라 어떻게 집을 구해야 할지 막막하다고 했다.

그렇게 서로의 입장만 어느 정도 인식한 채 첫 만남은 끝났다. 지루하게 시간은 흘러갔다. 낙찰자는 하루라도 빨리 점유자를 내보내고 싶은 것이 인지상정. 나도 마찬가지였다. 연락을 숱하게 취했지만 번

번이 피했다. 어렵게 통화가 연결되면 돈이 없어서 집을 아직 구하지 못했다는 말만 되풀이했다. 이사비, 체납 관리비, 도시가스비 그리고 집을 구할 일말의 금액을 요구했다. 나는 이렇게 무리한 금액을 요구하면 회사 차원에서 집행이 곤란하다고 단호하게 말했다. 그는 이사를 못 간다는 말만 되풀이했다. 어떡하든 협상 테이블로 끌어들이려는 나를 번번이 비웃는 것 같았다. 슬슬 약이 오르기 시작했다. 본인 잘못으로 망가진 가정을 선량한 낙찰자에게서 보전 받으려는 심보처럼 느껴졌다.

 명도라는 게임에서 마치 우위라도 점한 듯 첫 만남 이후 점유자는 오히려 여유로운 태도를 보였다. 하지만 방법이 없는 것은 아니다. 항상 마지막 한 방은 감춰놓고 있는 법이다.

🏠 붉은 글씨의 위력을 보다

 기다리다 지쳐 결국 결심을 굳혔다. 강제집행 하기로. 점유자의 딱한 사정은 알겠지만 의도적으로 낙찰자를 회피하는 이상 더 지체하는 것은 시간낭비라고 생각되었다. 점유자에게 내용증명 한 통을 보냈다. 내용증명은 딱히 정해진 형식이 있는 것은 아니다. 그러므로 형식에 너무 얽매일 필요는 없다. 하지만 법률적 내용은 정확해야 하며 상대방을 완전히 압도할 수 있도록 내용을 일목요연하고 단호하게 적는 것이 효과적이다.

대화는 그 순간뿐이지만 내용증명처럼 활자 형태로 전달되면 점유자는 반드시 몇 번이고 되뇌어 읽어보고 주위에 자문을 구한다. 여러 번의 전화 통화보다 더 명확하고 분명하게 의도를 전달할 수 있는 훌륭한 수단이다. 나는 내용증명이라는 제목 대신 붉은 글씨로 '최고장'이라고 써서 보냈다. 이는 경매공부방 후배가 일러준 주옥같은 조언이었다.

대략 내용은 이러했다. 초반에는 사건 개요와 그동안 진행상황을, 중반에는 정확한 법조항과 현란한 법률 상식을, 종반에는 더 이상의 협상은 없을 것이며 법의 테두리 안에서 강제집행을 시행할 것이다, 낙찰자(본인)는 협상을 위하여 무수히 노력했음에도 번번이 점유자가 거부하였으며 협상의 의사가 없는 것으로 간주하여 강제집행을 신청하게 되었다는 내용을 적어 보냈다.

마지막에는 긴장감 도는 문장도 몇 줄 보탰다. 집행관이 방문하면 협조를 잘 해달라는 말과 분실의 위험이 있는 귀중품이나 파손되기 쉬운 유리제품 혹은 냄새가 날 수 있는 반찬 등은 미리 알아서 치우는 것이 좋을 것 같다는 내용이었다. 과연 그랬다. 내용증명이 도달하고 곧바로 점유자에게서 연락이 왔다. 점유자가 먼저 연락한 것은 처음이었다. 많이 당황한 목소리였다. 약간은 거칠게 화를 내기도 했다.

"정말 이런 식으로 할 겁니까?"

"이거 있는 사람이 너무하는 거 아닙니까?"

"이렇게 하면 진짜 이사 안 갑니다. 누가 이기나 한번 두고 봅시다."

적반하장도 유분수지…. 그래도 기분은 좋았다. 상대방이 어떤 형태로든 반응을 한다는 것은 상당히 고무적인 일이었다. 이후 몇 번의 전화가 더 왔지만 일부러 받지 않았다. 소위 말하는 밀당이 시작되었다. 통화 한 번 하자는 애절한 문자도 왔다. 하지만 속으로 미소를 지으며 나는 답을 하지 않았다. 서서히 명도의 끝이 보이는 듯했다.

조건을 먼저 수정하자고 제안한 것은 점유자였다. 다른 것은 몽땅 철회할 테니 당일 이사비와 체납 관리비만 해결해달라고 했다. 그리고 이사비는 이삿짐 업체에 직접 결제해달라고 했다. 관리사무소에 알아보니 체납된 관리비가 해결되지 않으면 이사를 못 나간다고 했단다.

강제집행이 두렵긴 했나보다. 내용증명 한 통으로 몇 백만 원의 금액을 절약할 수 있었다. 원래 이사비는 지급하려 했던 것이고 체납 관리비는 입찰 단계에서 공유부분 정도는 감안하고 입찰했다. 비로소 퍼즐조각이 완벽하게 맞춰지는 느낌이었다. 흔쾌히 약속을 하고 이사 날짜를 잡았다. 고지가 눈앞에 보이는 듯했다.

그렇게 일이 착착 진행되어갔다. 그런데 이사를 며칠 앞둔 어느 날 한 통의 전화가 걸려왔다.

🏠 뜻하지 않은 복병을 만나다

"안녕하세요, 선생님. ○○아파트 관리소장입니다. 낼모레 이사하신다고 들었습니다. 그러시면 우선 관리비부터 해결해주셔야 하는데요."

"네, 안녕하세요."

"안 그래도 연락 한번 드리려 했는데 좀 번거로우시더라도 공유부분만 따로 명세서 좀 부탁드리겠습니다."

그러자 관리소장은 정색하며 도무지 무슨 소린지 모르겠다는 식으로 말을 이어갔다.

"공유부분이라니요? 전액을 다 납부하셔야 합니다. 이사하는 사람도 그렇게 말했습니다. 낙찰자가 체납 관리비를 해결하기로 했다고."

"네, 제가 해결하기로 했습니다. 그러니 명세서를 달라는 거 아닙니까?"

"네. 그건 알겠는데 왜 공유부분만 요구하십니까? 전액을 다 지불하셔야 하는데…."

관리소장은 한 치의 물러섬도 없었다.

"판례를 보더라도 낙찰자는 공유부분만 결지하면 된다고 되어 있습니다. 제가 왜 전유부분을 물어줘야 합니까? 그리고 이렇게 오랜 시간 동안 단전 단수의 조치를 취하지 않았다면 관리소 측의 근무태만 아닙니까?"

그러자 관리소장의 목소리는 한층 더 격앙되었다.

"판례요? 지금 판례라고 했습니까? 법을 많이 아시나 보네요. 하지만 저희는 그런 건 잘 모릅니다. 무조건 완납이 안 되면 경비원들 동원해서 이사를 막고 승강기도 꺼버릴 겁니다. 그리고 근무태만 아닙니다. 저희도 할 만큼 했습니다. 어른은 만나기 힘들고 어린 학생 둘이 생활하는 것 뻔히 아는데 도의상 단전 단수를 어떻게 합니까?"

결국 생색은 자기들이 내고 뒤처리는 낙찰자가 하라는 소리로 들렸다. 산 넘어 산이라더니 그 산속에 복병이 숨어 있을 줄이야. 그렇게 속 썩이던 점유자 마음을 겨우 돌리고 이사 날짜를 잡았더니 이제는 관리소장이 발목을 잡았다. 관리소장이라는 복병은 고목처럼 굳건했지만 갈대처럼 낭창거리기도 했다. 채찍과 당근을 모두 가진 사람처럼 보였다.

'낼모레가 이사하기로 약속한 날인데 어떡하지?' 갑자기 마음이 급해졌다. 생각지도 않았던 전화 한 통으로 평온했던 호수에 회오리바람이 일어났다. 공부방을 통해 선후배들에게 자문을 구해보고 인터넷으로 전문가의 고견을 구했지만 공유부분이나 판례에 관한 이야기를 할 뿐 딱히 신통한 대답은 없었다. 결국엔 이사 당일 물리적 충돌로 실력행사를 하거나 경찰을 불러 형사사건 운운하며 분위기를 조장하는 것 외엔 별다른 방법이 없었다.

하지만 이 방법도 미봉책일 뿐이었다. 마음이 심란했다. 결국엔 돈 문제인데 이사 당일에 이처럼 시끄러운 일이 벌어지면 이삿짐업체도 난감해할 테고 무엇보다 동네에 얼굴이 팔려버린 점유자가 마음이 변해 영영 숨어버릴지도 모른다는 생각이 들었다. 그렇게 되면 새판 짜기가 더 힘들어진다.

"골치 아픈 집이에요. 찾아가도 애들만 있고 어른들은 없어요."

현장조사 때 들었던 경비원의 말이 머릿속을 맴돌았다.

과연 어떻게 끝이 났을까? 속이 쓰리지만 나는 평화주의자다.

'분명히 내가 이길 수 있는 싸움이지만 평화와 안정이 우선이므로 원만하게 해결하는 것이 낫다.' 스스로 대인배 흉내를 냈지만 마음 한 구석은 무척이나 쓰렸다. 내가 앞서 명도를 설명할 때 명도는 결국 돈이라고 단도직입적으로 말한 것도 이런 이유에서다. 하나를 잃으면 하나를 얻는다고 했던가? 명도 과정에서 관심을 보이던 중개업소에서 뭐가 급했는지 이사 나간 당일 저녁에 한 부부를 데려와 집 구경을 시켰다. 부부는 매우 만족스러워하며 한 치의 망설임도 없이 바로 계약을 했다. 이 집을 낙찰받을 때 두꺼운 패딩차림이었는데 가벼운 반팔 차림으로 가볍게 계약이 성사되었다. 대략 4개월여의 대장정이 주마등처럼 스쳐 지나갔다. 하지만 찜찜하게 남아 있는 한 가지, 체납 관리비 문제는 오랫동안 안 좋은 기억으로 남아 있다.

이후 나는 현장조사를 갈 때면 체납 관리비부터 철저하게 조사한다. 또한 관리소장의 성향을 파악하기 위해 어떤 형태로든 대화를 시도해보려고 노력한다. 그리고 체납 관리비에 대해 우선은 낙찰자가 인수한다는 시나리오 아래 입찰에 참여한다.

 "바람난 아내 그리고 체납 관리비"의 추억에서 나는 책상머리 학습과 현장에서의 실전은 어떤 형태로든 괴리감이 상당히 크다는 것을 배웠다. 또한 내용증명이 얼마만큼의 힘을 발휘하는지도 확실히 느낄 수 있었다.

이 집 유리창 **몽땅 깨버릴까?**

부동산 경매를 하다보면 많은 일을 겪게 된다. 일반 매매와 달리 경매는 점유자와 낙찰자의 껄끄러운 만남이 있다. 뜻하지 않게 정의의 사도가 되어 점유자의 명도를 안정적으로 도와준다거나 소위 깍두기라 불리는 무시무시한 사람들을 만나 숨 막히는 명도를 해야 할 때도 있다.

나도 정말 다양한 사람들을 만나보았다. 가장 까다로운 명도는 어떤 경우일까? 나는 법률 상식이 풍부하고 흥분하지 않으며 정중하게 자신의 의견을 관철시키는 사람이 가장 힘든 경우였던 것 같다. 반면 큰소리로 화를 낸다거나 끝까지 체면 유지를 위해 자존심을 꼿꼿이 세우는 경우는 그나마 상대하기가 수월한 편이었다. 그렇기에 점유자를 처음 만나러 갈 때 낙찰자는 흥분 반, 기대 반이 된다. 과연 이

번 점유자는 어떤 성격의 소유자일까? 점유자도 마찬가지 심정이 아닐까 싶다. 조금 후 초인종을 누를 낙찰자가 어떤 사람일지 점유자도 몹시 두려울 것이다.

🏠 아이들에 주목하다

2015년 겨울이었다. 아이들이 커감에 따라 집의 규모를 늘려야겠다는 생각을 오래전부터 하고 있던 중이었다. 게다가 사춘기에 접어든 딸아이에게 따로 자기만의 공간을 만들어주고 싶었다. 한창 민감한 시기에 다른 동네로 이사 가기는 힘들고 더구나 동네에 있는 중학교에 입학을 배정받은 상태라 꼼짝없이 이 동네에 머물 수밖에 없는 상황이었다. 그러던 중 제법 괜찮은 물건 하나가 눈에 들어왔다. 같은 아파트 단지 내에 평수만 조금 큰 아파트였다. 사실 동일한 평수의 물건이 몇 번 나오긴 했지만 요번처럼 입맛에 딱 맞는 물건은 정말 오랜만이었다. 무조건 잡고 싶었다. 이 물건을 놓치면 또 언제 이사할 수 있을지 요원한 상황이었다. 그래도 부동산 경매를 하는 사람인데 일반 매매로 집을 산다는 것은 안 될 것 같은 묘한 오기 같은 것도 발동했다. 이번이 기회다 싶었다.

본격적으로 서류를 검토하고 주변을 조사했다. 우편함도 깨끗했고 관리비도 그렇게 많이 밀리진 않았다. 점유자의 성향은 대체로 성실하게 생활하는 사람인 것 같았다. 나와 비슷한 나이인 걸로 봐서 아마도 비슷한 또래의 아이들도 있을 것 같았다. 이것이 바로 명도의 포인트였다. 이후 아이들의 존재 유무와 아이들의 학년에 초점이 맞춰졌다. 왜냐고? 이 부분이 바로 명도의 핵심이라고 생각했기 때문이다. 주변을 열심히 알아보던 중 초등학생과 중학생 아이들이 있다는 사실을 알아냈다.

아마 이 글을 읽고 있는 독자라면 왜 아이들에게 이렇게 집착할까? 또한 왜 아이들이 명도의 열쇠를 쥐고 있을까? 의아해할 것이다. 사실 명도의 포인트는 아이가 아니라 아이를 생각하는 부모의 마음이다. 이 물건의 입찰은 2015년 12월 말경이다. 잔금까지 납부하고 등기부가 완전히 넘어오는 시기는 거의 이듬해 2월 정도가 될 것이고, 명도는 아마 그즈음 시작될 것이다. 그러면 명도를 당하는 점유자 입장에서 이 시점에 가장 문제가 되는 것은 무엇일까? 바로 아이들 학업 문제다. 3월에 시작하는 신학기는 아이뿐만 아니라 부모들도 부산해지는 시기다. 나도 아이들을 키우고 있지만 세상 부모 마음은 모두 똑같다. 더구나 사춘기 아이들의 경우 교우관계나 주변 여건 등에 영향을 많이 받는다. 이 경우 점유자가 같은 동네로 이사를 한다고 해도 주거 형태나 주변 등 여러 가지 환경이 바뀌므로 아이들이 적응할 시간이 필요할 테고 만약 다른 지역으로 이사할 경우 전학을 시켜야 하므로 더더욱 적응기간이 필요할 것이다.

즉 명도가 급한 쪽은 점유자다. 더 이상 그 집에 머물 수 없다는 것을 아는 만큼 점유자는 3월이 가까워올수록 마음이 급해질 수밖에 없다. 낙찰자는 가만히 있어도 점유자가 만나자고 먼저 연락할 가능성이 높다. 비록 부모의 삶은 힘들어졌지만 아무것도 모르는 천진한 아이들의 마음에 상처주고 싶은 부모가 어디 있겠는가.

나도 큰아이를 전학시킨 경험이 있다. 신학기가 시작할 때 자연스럽게 섞여 들어가는 것이 아이들 입장에서는 비교적 스트레스가 적다. 이런 상황을 파악한 후 입찰하기로 마음먹었다. 차근차근 서류들을 검토하고 입찰과 낙찰 이후의 자금 운용과 명도 등에 관한 계획도 꼼꼼히 계산해보았다. 물론 이런 모든 과정은 항상 아내와 함께한다. 그리고 제일 힘든 입찰가 산정도 오랜 시간 아내와 상의하였다.

이 시기 장인의 허리수술이 있었다. 나는 회사와 병원 그리고 입찰에 대한 생각으로 정말 바쁜 연말연시를 보내고 있었다.

🏠 낙찰 그리고 유리창 값 백만 원

입찰 당일의 법정은 언제나 그렇듯이 많은 사람들로 붐비고 있었다. 간간히 아는 사람도 보였다. 오늘은 어떤 일이 벌어질까? 각자

상기된 표정으로 신중하게 입찰에 참여하고 있었다. 개찰되고 경매 법정에서 이름이 불리면 환희와 걱정 이 두 가지 생각이 정확히 반반씩 교차한다. 그날 20여만 원 차이로 낙찰을 받았다. 짜릿한 승부였다. 그럼에도 나 또한 환희와 걱정, 두 가지 감정을 안고 경매 법정을 빠져나왔다. 아내에게 먼저 전화했다.

"여보, 우리 이사 준비하자."

낙찰이 되면 이후의 과정은 일사천리로 진행된다. 2016년 새해가 밝았다는 뉴스가 여기저기서 울려 퍼지고 사람들은 각자 새로운 각오와 희망을 하나씩 가지고 새해를 맞이하였다. 나도 부푼 기대감을 안고 드디어 점유자를 만나기로 했다.

삐삐, 삑~ 인터폰이 울리고 이윽고 저편에서 묵직한 남자의 목소리가 들려왔다.

"누구세요?"

"네, 안녕하세요. 지난번에 전화드렸던 낙찰자입니다."

이미 전화로 방문을 약속했으므로 별로 놀랄 것 없는 방문이었다. 하지만 점유자의 반응이 예상했던 것과 달랐다. 당연히 문이 열리고 올라오라고 할 줄 알았다. 그런데 이상하다.

"네, 잠깐만 기다리세요. 내려갈게요"라고 했다.

낙찰받은 집에 들어가 내부를 살펴봐야 하는데 집에 들어오질 못하게 하고 점유자가 내려온단다. 무엇보다 실거주 목적으로 낙찰받은 집이라 집 상태가 무척 궁금했는데 들어가볼 수 없어 아쉬웠다. 두 가지 이유가 머릿속에 떠올랐다. 집에 치명적인 결함이 있든지 방학이라 아이들이 집에 있든지.

  제발 두 번째 이유이기를 마음속으로 기도하며 점유자를 기다렸다. 날씨가 이렇게 추운데 도대체 어디서 이야기를 나눈단 말인가? 근처에 적당한 커피숍이 있는 것도 아니었다. 예상에 없던 일이 발생하다 보니 머릿속이 복잡해졌다. 심란해하는데 아파트 입구의 문이 열리며 점유자가 나타났다.

  나는 제법 먼발치에서 보았는데도 흠칫 놀라지 않을 수 없었다. 검정색 패딩점퍼를 입고 나타난 점유자는 산만 한 덩치의 건장한 남자였다. 미안한 표현이지만 내가 그때 느꼈던 위압감은 마치 한 마리 곰과 마주하는 것 같았다.

  텅 빈 채 싸늘하게 얼어붙은 어린이놀이터 옆 벤치에 자리를 잡고 앉았다. 점유자의 모습은 초췌해 보였다. 며칠간 씻지도 않았는지 머리는 흐트러져 있고 수염도 덥수룩했다. 점유자는 담배 한 대를 길게 피워 물었다. 짧은 인사가 끝나고 바로 본론으로 들어갔다.

  "잘 아시겠지만 이사 문제 상의하러 왔습니다."

  "네, 잘 알고 있습니다. 이사는 바로 갈 수 있습니다."

  '오호, 말이 좀 통하는구나' 하고 생각했다. 이사를 바로 갈 수 있다는 것은 살 집을 미리 구해놓았다는 얘기다. 제법 경매에 대해 상식이 있어 보였고 말하는 것도 시원시원했다. 하지만 점유자는 만만한 상대가 아니었다. 역시나 돈이었다. 체납 관리비와 도시가스 비용이 120만 원가량 연체되어 있었고 거기다 이사비 등을 더해 400만 원 정도를 요구했다.

"너무 많은데요. 물론 저도 많이 드리고 싶지만 이 금액은 좀 무리인데…."

말끝을 흐렸다. 정확한 어조로 말하고 싶었으나 점유자의 심기를 건드리기 싫었다.

"아니, 뭐가 많다는 겁니까? 저도 최대한 양보한 겁니다. 저는 이 금액 못 받으면 이사 안 합니다."

돌아온 점유자의 답은 완강한 거부였다. 도무지 협상의 여지가 보이지 않았다. 점유자가 담배 한 대를 더 피워 물었다.

"물론 선생님 심정이야 충분히 이해합니다다만, 제 입장도 좀 생각해주시면 고맙겠습니다. 저는 너무 과한 금액이라 생각합니다만…."

또 말끝을 흐렸다.

"입장? 무슨 입장이요? 나같이 다 잃고 나가는 놈이 남의 입장 생각해주게 생겼습니까? 선생이야 낙찰을 받았으니 우리 같은 사람들이 얼마나 힘든지 모르겠지요. 그러니 입장 같은 소리는 하지 마시죠."

서슬이 시퍼렇다는 느낌이 이런 걸까? 산만 한 체구에서 뿜어져 나오는 압박이 느껴졌다. 그러고는 오른손 주먹을 치켜들며 섬뜩하게 한마디 쏘아붙였다.

"막말로 내가 이 집 유리창만 다 깨고 나가도 돈 백은 그냥 나와요. 거기다 변기랑 세면기 몽땅 깨버리면 어쩔 겁니까? 내가 못 할 것 같아요?"

명도 과정에서 정말 지독한 사람을 만나면 망치로 유리창이나 기물들을 몽땅 부셔버린다는 식의 말로 낙찰자를 압박하는 경우도 있다고 책에서 읽었는데 현실에서 만날 줄은 몰랐다. 하지만 이런 말을 직접 들으니 정말 황당하기도 하고 기분이 몹시 언짢았다. 이럴수록 더 냉정해지고 차가운 이성으로 접근해야 했다. 같이 흥분하면 지는 거다. 하지만 나도 사람인지라 기분은 몹시 나빴다.

"에이, 선생님 그러지 마세요. 명도를 방해할 목적으로 유리창을 고의로 파손하면 나중에 문제가 될 수 있습니다."

"나, 참. 누가 유리창을 고의로 깼다고 한답니까? 원래 유리창 없는 집에 살았다면 그만이지 그게 무슨 문제가 됩니까?"

처음엔 제법 괜찮은 상대를 만났다고 생각했다. 하지만 대화가 이어질수록 점유자는 점점 더 추한 모습으로 변해갔다. 유리창이 하나도 없는 집에 살았다는 말도 안 되는 소리를 늘어놓았다.

"아니 선생님. 요즘 같은 엄동설한에 유리창 없는 집에서 산다는 것이 말이 됩니까?"

"말이 안 될 건 또 뭐가 있습니까? 내가 그렇게 살았다면 그만이지."

이야기는 본질에서 많이 벗어나 막장으로 치닫고 있었다. 유리창을 깨고 변기를 부숴놓겠다. 이렇게 강렬한 메시지만 남기고 첫 만남은 끝났다. 하지만 나는 이 만남으로 결정적인 단서 몇 가지를 얻었다. 이미 이사할 집을 구해놓았다는 것, 아이들 학업 문제 때문인지 다른 이유 때문인지 이사를 서두른다는 것, 점유자의 성향이 약간 극단적이라는 것. 오히려 점유자의 이런 상황과 성향을 역으로 이용해 허허실실 작전으로 나가면 승산이 있을 것 같았다.

유리창이나 변기는 절대 파손하지 못할 것이다. 하지만 만에 하나 파손할 경우 엄청난 재앙이 올 것이다. 왜냐하면 그날의 대화 내용을 빠짐없이 녹음했기 때문이다.

허허실실 그리고 도발

점유자는 명도의 승기를 잡았다고 생각했을 것이다. 하지만 나는 그의 초초함을 보았다. 더 이상은 만날 필요도 없다고 생각했다. 가끔 전화해서 "이사 언제 가실 건가요?" 정도만 가볍게 물어보았다. 명도에 별 의지가 없는 사람처럼 대충 이야기하고 시간을 끌었다. 나는 급할 것이 없었다. 엄동설한에 이사하는 것보다 꽃피고 새우는 따뜻한 봄날에 이사하는 것이 훨씬 나을 것 같았다. 점유자가 분명히 3월이 되기 전에 백기투항하리라는 사실을 알고 있기에 느긋한 것인지도 몰랐다. 하지만 한편으로는 약간 불편한 마음도 있었다. 혹시나 점유자가 다른 마음을 먹고 안 나가면 어떡하지? 한 번씩 자극도 필요할 듯했다.

"여보세요. 낙찰자입니다. 이사는 좀 생각해보셨는지요?"

"약속한 이사비 받기 전까지는 절대 못 나갑니다."

"약속이라뇨? 제가 언제 그런 약속을 했습니까? 그리고 자꾸 이러시면 저도 생각을 달리할 수밖에 없습니다. 굳이 강제집행까지는 가지 않으려 하는데 정말 안 도와주시네요."

점유자의 자존심을 가장 심하게 건드리는 강제집행이라는 카드를 꺼내어 도발을 해보았다. 단 1초의 망설임도 없이 점유자의 대답이 돌아왔다. 이미 준비한 멘트였지만 목이 메는 듯했다.

"강제집행? 네, 그렇게 하세요. 그러면 우리는 쓰레기만 남겨놓고 미리 짐을 뺄 테니까. 하든지 말든지 알아서 하세요. 저희야 아무 상관없거든요."

이렇게 고마울 수가 있나? 도발이 먹힌 걸까? 아니면 원래부터 내공이 거기까지였던 걸까? 점유자의 마음이 흔들렸다. 강제집행을 한다는데 미리 짐을 빼주면 얼마나 고마운 일인가. 쓰레기야 날 잡아서 치우면 그만이다. 점유자도 말을 뱉고 나서 아차 싶었을 것이다. 한동안 말이 없었다. 나는 재차 물었다.

"진짜 그렇게 하실 겁니까?"

이 한마디에는 많은 뜻을 내포하고 있었다. 사실 이 말 뒤에 몇 번이고 고맙고 감사하다고 말을 할 뻔했다. 점유자는 계속 말이 없었다. 이때다 싶었다. 점유자에게 진심을 담아 이야기를 이어나갔다.

"선생님이 처한 상황을 다는 모릅니다만 저도 아이 키우는 입장에서 충분히 이해합니다. 저나 선생님이나 조금씩만 양보하고 좋게 해결하시죠. 체납 관리비와 도시가스 비용은 제가 책임지겠습니다. 그리고 이사 비용도 일부 보태겠습니다."

사실 나는 강제집행 할 생각이 전혀 없었다. 정말이지 단 0.1%도 없었다. 그리고 어떻게든 좋은 방법으로 원활하게 협상할 생각이었다. 이유는 간단했다. 나와 내 가족이 직접 들어가 살 집이므로 약간 손해를 보더라도 좋은 방법으로 명도를 진행하고 싶었다. 불미스럽거나 나쁜 기운이 미치지 않게 좋게 해결하고 싶었다. 다행스럽게도 나의 진심 어린 말에 점유자가 반응을 해주었다.

드디어 이사 날짜가 잡혔다. 이삿짐이 빠지는 동안 점유자와 함께 체납 관리비와 도시가스 비용 등을 정산했다. 짐이 어느 정도 빠지고 약속한 금액을 이사 비용에 보태라고 주었다. 아파트 평수에 비해 살림이 단출했다. 이미 살림에 필요한 많은 짐을 미리 옮겨놓은 듯했다.

점유자는 맨 처음 분양받아 10여 년을 함께한 이 집에 애착이 상당히 많은 듯했다. 베란다 화단에는 동백과 아이비가 자라고 있었다. 이 아이비는 지금도 내가 애착을 가지고 잘 키우고 있다.

"다시는 이 동네에 오고 싶지 않습니다. 지긋지긋한 기억밖에 없네요. 거래를 하든 직접 살든 집은 좋은 집입니다. 그럼."

이렇게 한마디 남기고 그가 떠났다. 그 큰 덩치가 그날따라 유난히 작게 보였다. 어디에 가든 잘살기를 진심으로 기원했다.

명도를 함에 있어서 사람의 성향을 분석하는 것도 중요하지만 계절이나 각종 행사 등의 시기를 잘 따져보는 것도 많은 도움이 된다. 자녀가 있는 집이라면 입학이나 졸업 혹은 신학기나 수능 등의 시기를 적절히 활용하는 것도 유용하다.

기회는 위기의 탈을 쓰고 온다

"형님, 여기저기서 어렵다고 할 때가 오히려 기회예요."

경매공부방에서 함께 동문수학하는 알파이너(닉네임)님이 의미심장한 이야기를 꺼냈다. 알파이너님은 연배가 몇 살 아래라 후배이지만 경매의 내공을 따지면 한참 선배가 되고도 남는 실력을 지녔다. 그렇다. 위기는 항상 기회를 동반하고 찾아온다. 2007년 미국의 초대형 모기지론 대부업체들이 파산하면서 미국은 심각한 경제위기 상황에 봉착했다. 이른바 서브프라임 모기지 사태subprime mortgage crisis를 맞고 있었다. 이 사태는 비단 미국만의 문제가 아니라 연쇄적으로 국제 금융 시장의 위기를 가져왔다. 2000년 IT의 거품이 꺼지고, 9·11테러, 중동 국가 간의 전쟁 등으로 미국의 경기는 악화일로를 걷기 시작했다. 어찌 보면 이미 예견된 사태일지 모른다. 바로 이것이 2007

년 서브프라임 모기지 사태의 단초가 되었다고 볼 수 있다. 신뢰가 부족한 상태에서 높은 금리를 조건으로 대출을 남발하다 보니 이 지경까지 이르게 되었다. 여파는 국제사회로 번져 우리나라도 2008년 글로벌 금융위기를 맞고 있었다. 어느 하나 온전한 것 없이 마이너스 수익률을 기록하고 있었다. 하지만 그들의 위기는 부동산 경매 시장에 훈풍을 몰고 왔다.

 이 시기 나는 한밭대 사회교육원에서 부동산 경매 수업을 청강하고 있었다. 대부분이 나이 지긋한 사장들과 재테크에 관심이 많은 주부들이었다. 모두들 바쁘게 살아가는 모습에 부동산 경매뿐만 아니라 진지하게 삶을 대하는 자세도 배울 수 있는 소중한 시간이었다. 수업을 들으면서도 하루 빨리 실전을 경험해보고 싶었다. 권리분석이나 현장조사 등 직접 발로 뛰며 경매 현장을 누비고 싶었는데 유성에 있는 주상복합건물 하나가 눈에 들어왔다. 신축 건물로 미분양 된 물건들이 쏟아져 나온 것이다. 사실 이 시기에는 주상복합이건 아파트건 이런 종류의 물건들이 제법 많았다. 유성은 도안신도시 건설이 한창인 때라 주변 인프라가 미처 갖추어지기 전이었다. 하지만 인근의 지하철역과 새로 들어선 대형마트 등은 훌륭한 호재로 작용했다. 무엇보다 신축 건물이었으므로 현장조사 시 세대를 직접 들어가볼 수도 있었고 명도에 대한 부담감이 없었다. 권리분석도 딱히 필요 없는 상황이었다. 바로 현장조사에 착수했다. 세종시로 이어지는 큰 도로에

인접해 있어서 교통 흐름은 좋았다. 신축인데 미분양이다 보니 공사가 미흡한 부분이 군데군데 보였다. 바닥에 마감재가 깔리지 않아 콘크리트 상태 그대로였고 창틀도 없었다. 그것 말고는 대체로 깨끗했다. 손잡이나 벽지, 타일 등 소소한 부분들은 직접 충분히 손을 볼 수 있을 것 같았다.

관리비가 280여만 원 정도 체납되어 있었는데 미분양이라 모두 공용부분에 관한 체납 관리비였다. 공유와 전유부분이 나누어져야 한번 싸워볼 만한데, 이 경우는 너무나 빤하게 낙찰자가 부담해야 할 상황이었다. 바닥, 창틀, 체납 관리비 등을 모두 감안하고 입찰에 들어가기로 했다. 같이 공부하는 주부들 중 일부도 입찰에 참여한다고 했다. 대부분 입찰이 처음인 주부들은 두려운 나머지 강사에게 기백만 원씩 주고 컨설팅을 받았다고 했다. 하지만 나는 크게 컨설팅의 필요성을 느끼지 못했다. 그동안 배운 내용을 활용해 혼자 힘으로 해보고 싶었다. 주부들은 혹시 모르니 전문가에게 컨설팅을 받아보라고 했지만 내키지 않았다. 결과는 어떻게 되었을까? 나와 주부들 모두 낙찰을 받았다. 그런데 아이러니하게도 내가 가장 적은 금액에 낙찰을 받았다. 분양가의 거의 50% 수준인 1억이 살짝 넘는 금액에 받았으니 요즘은 꿈도 못 꿀 일이다.

글로벌 금융위기가 가져다준 달콤한 선물인 셈이다. 아주머니들은 나보다 거의 2천만 원 정도 높게 쓴 금액에 낙찰을 받았다. 나중에 들은 이야기지만 그들은 강사를 찾아가 거세게 항의를 했다고 한다.

🏠 글로벌 금융위기가 준 선물

　낙찰받은 다음 날 관리소장을 만나러 갔다. 관리소장은 아파트처럼 체계가 잡힌 관리사무소의 관리소장이 아니라 마치 건물관리인 같은 인상이 더 강했다. 관리비 등 서류업무도 하면서 여기저기 하자 부분도 직접 살피고 입주민들의 민원도 해결하는 등 멀티플레이어 같은 분이었다. 미분양 물건이 경매로 모두 소진되었으니 체납 관리비나 하자보수 부분만 마무리되면 정식으로 관리업체가 들어와 체계를 잡을 것이고 아마 그때쯤이면 이분은 떠날 것 같은 느낌을 받았다. 관리소장은 280여만 원의 체납 관리비를 납부해야 입주가 가능하다고 했고 나는 바닥 마감재와 창틀을 해달라고 강력하게 요구했다. 그렇게 각자의 의견이 평행선을 달리고 있었다. 하루 이틀 별 진전 없이 시간만 흐르고 있었다. 하지만 시간이 날 때마다 건물을 찾았고 관리소장과 대화를 시도했다. 점유자를 상대로 명도를 하는 것이 아니라 관리소장을 상대로 입주를 허가받아야 하는 상황이었다. 내용증명을 보낼 수 있는 것도 아니고 참 답답했다. 그러던 어느 날 우연히 컴컴한 지하창고에 잔뜩 쌓여 있는 물건들을 발견했다. 저게 뭘까? 몹시 궁금했지만 함부로 열고 들어갈 수는 없었다. 다음 날 관리소장을 대동하고 다시 지하창고를 찾았다. 관리소장은 영문을 모르겠다는 듯 떨떠름한 표정으로 따라나섰다. 그곳에는 미처 깔지 못한 바닥 자재가 잔뜩 쌓여 있었다. 그 밖에도 타일이며 페인트 등 공사 관련 자재들이 있었다. 아무래도 미분양이 되고 사정이 어려워지다 보니 공사하는 사람들이 작업을 마무리하지 않고 황급히 떠난 듯했다. 미분양, 인건비, 공사 중단, 경매 등등 일련의 사태들이 창고 안에 잠들어 있는 자재들을 보는 순간 훤하게 그려지는 것 같았다. 관리소장도 흠칫 놀란 눈치였다. 기회였다.

"이것 보세요, 소장님. 여기 바닥 자재가 있네요. 원래 공사하려고 자재들 주문해놓은 거 아닙니까? 그러면 당연히 바닥은 깔아주셔야죠."

자재를 보는 순간 옳다구나, 바닥은 이걸로 깔면 되겠구나 싶어 조심스럽게 말을 꺼냈다. 눈앞에 자재가 쌓여 있다 보니 관리소장도 난감해하는 눈치였다. 얼른 그 틈을 노려 한마디 덧붙였다.

"소장님, 제가 100만 원 드릴게요. 관리비 퉁치고 기왕 썩히는 자재, 바닥이나 깔아주세요. 창틀은 제가 알아서 하겠습니다."

평행선 같던 지루한 협상이 드디어 합의점을 찾는 순간이었다. 우연히 발견한 자재로 협상은 활기를 띠었다. 바닥 공사는 물론이고 식기세척기며 욕실 타일, 다른 부분의 하자까지 살뜰하게 살펴주었다.

공사가 마무리되자 마치 기다렸다는 듯이 임차인이 들어왔다. 1억 3,000만 원에 전세 계약을 했다. 창틀을 하는 데 300만 원이 들어갔지만 전체적으로 따져보면 매각 비용과 수리비 등에 들어간 투자 금액을 합치더라도 전세 비용보다 덜 들어간 셈이다. 맘고생은 좀 했지만 내 돈 한 푼 안 들이고 주상복합의 주인이 된 셈이다. 이런 경우를 두고 소위 '무피투자'라고 한다. 이렇게 전세를 두 번 돌리고 4년 만에 2억여 원에 매매를 했다.

이 건은 알파이너님의 이야기를 각색한 것이다. 투자는 IMF 외환위기, 글로벌 금융위기처럼 큰 파도가 칠 때 그 행간을 파고들어야 한다. 모두가 어렵고 힘들다고 할 때 더 많은 부를 축적하는 사람도 있다. 기회가 없는 위기는 있을 수 없다. 항상 위기는 기회를 동반하고 우리에게 찾아온다. 물론 변화를 감지하고 기회를 잡는 것은 투자자의 몫이다.

그녀의 마스카라

현장조사의 중요성은 아무리 강조해도 지나치지 않다. 이미 앞서 현장조사 설명 부분에서 살짝 언급한 알파이너님의 실패 사례를 공개하려 한다.

수익이 생겼으니 완벽한 실패라기보다 절반의 실패 정도로 보는 것이 맞을까? 현장조사에서 매매까지 정말 어느 것 하나 만만한 게 없었던 실전 사례다. 부동산 경매를 배우고 몇 건의 낙찰과 패찰을 거듭하며 제법 경매가 무엇인지 알아가기 시작한 2011년 여름, 경매에 대한 자신감은 하늘을 찔렀지만 가벼운 호주머니 사정으로 제법 괜찮아 보이는 아파트들은 그저 그림의 떡이었다. 얼른 종잣돈을 모아 큰 단위의 아파트에 도전해보고 싶은 마음이 간절했다. 하지만 나름대로 작은 다가구나 빌라 등을 낙찰받아가며 소소한 재미를 느끼던 시절이기도 했다. 빌라는 아파트에 비해 평수가 작고 일단 가격이 저렴했으므로 소액투자가 가능했다. 빌라는 도심의 한가운데에 있는 경우도 있지만 대체로 변두리에 자리한 돈 없는 서민들의 보금자리라는 인식이 강하던 시절이었다. 대부분 1억 미만의 물건이었다. 또 빌라는 마땅한 시세가 없다. 아파트처럼 명확하게 딱 떨어지는 시세가 있어야 하는데 그런 것이 없다. 그러므로 현장조사를 다녀보면 가는 중개업소마다 말이 다르다. 하물며 어떤 중개업소에서는 도리어 고객에게 물어보는 경우도 있다. 이같이 시세가 불투명하므로 빌라는 매각 금액을 책정하기가 더 힘들었다. 하지만 반대로 생각해보면 시세가 불투명하므로 조금 더 높은 금액으로 매도할 수도 있다는 얘기가 된다.

무더위가 한창 기승을 부리던 7월의 끝자락 대전 문화동 소재 T빌라가 눈에 들어왔다. 곧바로 현장조사에 들어갔다. 4층 중 401호였고 오래된 건물치고는 외관상 보기에는 깨끗했다. 변두리였으므로 주변은 산과 작은 밭 등으로 둘러싸여 있고 아래로 조금 내려오면 상권이 형성돼 있었다. 전형적인 서민들의 보금자리였다.

"답답하시네. 거길 뭐 하러 낙찰받아요? 위치가 좋은 것도 아니고, 거래가 잘되는 것도 아니고, 그리고 거기 시세도 없어요."

방문하는 중개업소마다 반응이 냉랭했다. 감정가는 6,000만 원이지만 정확한 시세를 알 수 없어 답답했다. 확실히 중개업소들은 비협조

적이었다. 그러면 과연 집 상태는 어떨까?

내부가 무척 보고 싶었지만 들여다볼 방법이 없었다. 입찰 날짜는 점점 다가오는데 무엇 하나 확실한 것이 없는 상황이었다. 아파트는 내부를 굳이 안 보더라도 크게 문제될 것이 없지만 다가구나 빌라 같은 경우는 누수, 결로 등의 하자를 가능하면 직접 확인하는 편이 좋다. 마음이 답답했다. 한편으로 입찰을 안 하면 그만이라는 생각도 들었다. 세상에 물건은 차고 넘친다. '너무 여기에 얽매이지 말자' 하는 생각이 들 때쯤 집 안을 볼 수 있는 기회가 생겼다.

어느 주말 점심시간이 한참 지난 시간에 어김없이 현장을 찾았다. 주말에는 사람이 있겠지, 오늘은 무조건 집 안을 살펴볼 생각이었다. 하지만 역시나 문이 굳게 닫혀 있었고 사람도 없는 듯했다. 다시 무거운 발걸음으로 돌아서는 순간 철커덩 문이 열렸다. 경매에 나온 401호는 아니지만 이웃인 402호였다. 날씨가 덥다보니 문을 열어둔 집들이 제법 많았다. 힐끔 힐끔 집 안을 살피는데 러닝셔츠를 입은 나이 지긋한 아저씨와 눈이 딱 마주쳤다.

"당신 누구야? 누군데 남의 집을 기웃거려?"

"아, 네. 제가 집을 좀 보러 왔습니다."

"집? 무슨 집? 나는 집 내놓은 적 없는데."

"아뇨, 선생님 댁 말고 바로 옆 401호를 보러 왔습니다."

그리고 간단히 상황 설명을 했다. 아저씨는 들어오라며 옆집이랑 구조가 똑같으니 얼마든지 구경하라고 했다. 아저씨는 가볍게 낮술을 한잔 하신 듯했다. 이 동네는 조용하고 공기 좋고, 사람 살기 좋다며 자랑을 늘어놓으셨다. 산과 밭으로 둘러싸여 있으니 당연했다. 오래된 건물치고 집 안이 깨끗하고 좋았다. 무엇보다 밖에서 볼 때와 달리 내부 공간이 훨씬 넓어 보였다. 그래 입찰하자. 이 정도면 훌륭하다. 더 망설일 이유가 없었다. 여러 가지 상황을 고려해 안정적인 금액에 입찰했다. 결과는 낙찰이었다. 무려 32명이나 들어온 물건인데 4,500만 원에 낙찰이 되었다. 감정가 대비 그렇게 높은 금액도 아닌데 하늘이 도왔는지 많은 경쟁자를 물리치고 당당히 낙찰자가 되어 경매 법정을 빠져나왔다.

점유자는 소액 임차인으로 주택임대차보호법상 보호를 받는 임차인이었다. 명도에는 크게 문제가 없을 듯했다. 합리적인 낙찰가에 부담 없는 명도. 이때까지만 해도 발생할 수익을 생각하며 기분이 좋았다. 이사 문제를 논의하기 위해 드디어 점유자를 만났다. 50대 중반 정도의 아저씨였는데 두 딸과 함께 살고 있었다. 보호를 받는 소액 임차인이므로 크게 부담감 없이 만날 수 있을 거라 생각했는데 예상은 보기 좋게 빗나갔다.

"안녕하세요. 저는 이 집 낙찰자인데요. 선생님 뵙고 몇 가지 상의 드릴 것이 있어 왔습니다. 문 좀 열어주시죠."

"나는 할 말이 없어요. 귀찮게 하지 말고 돌아가요."

"선생님, 그러지 마시고 일단 문 좀 열어보세요. 잠깐만 뵙죠. 제가 드릴 말씀이 있어서 그렇습니다."

"나, 참 답답하네. 뭐 하려고 이런 집 낙찰받아서 사람 귀찮게 해. 별로 좋지도 않은 집인데… 돌아가요. 귀찮게 하지 말고."

점유자는 완강했다. 협상 결렬이 문제가 아니라 아예 협상 테이블에 앉아 보지도 못한 상황이었다. 이렇게 현관문 하나를 사이에 두고 번번이 대화만 오갔다. 점유자는 하자 많은 집 뭐 하러 낙찰받았냐는 말만 되풀이하며 200만 원을 요구했다. 본인이 소액 임차인으로 주택임대차보호법상 보호를 받긴 하지만 전액을 돌려받지는 못하고 200만 원 정도는 손해를 보기 때문에 그 금액을 마저 보전 받기를 원했다. 괘씸했다. 철통같이 문을 걸어 잠가놓고 일방적으로 자기의 요구만 관철시키려는 행동이 너무나 얄미웠다. 명도가 순순히 해결되면 약간의 이사비를 지불할 생각도 있었지만 200만 원은커녕 단돈 200원도 아깝다는 생각이 들었다. 더 이상 협상은 불가한 상황이었다. 강력한 한 방이 필요했다. 낙찰자가 쥐고 있는 가장 강력한 히든카드, 이름하여 강제집행. 우선 지지부진한 명도의 책임을 물으며 강력하게 대응하겠다는 결연한 의지를 담아 내용증명을 보냈다. 이 집은 잔금 납부와 등기 이전을 마쳤으므로 완벽하게 낙찰자의 소유이다. 소유권 이전 이후부터 매매가의 30%를 산정하여 월세를 청구할 것이다. 또한 인도명령 신청을 했는데 인용이 되면 바로 강제집행할 것이다. 낙찰자의 노력에도 불구하고 비협조적으로 명도에 시간을 지연한 점은 나중에라도 민형사상 책임을 반드시 묻겠다는 내용이었다. 사실 매매가 산정하여 월세를 청구하기도 힘들고 강제집행이나 민형사상의 책임을 물을 마음은 추호도 없었다. 하지만 반응은 바로 왔다. 아무 조건 없이 이사를 가겠다고 했다. 역시 내용증명의 위대한 힘을 다시 한 번 느끼는 순간이었다.

드디어 문이 열리다

그렇게 기다리던 401호의 문이 열렸다. 현장조사 때부터 지난 몇 개월간 이 문을 열기 위해 얼마나 노력했던가? 하지만 문이 열리는 순간 차라리 지난 몇 개월이 훨씬 행복한 시간이었다는 것을 단 10초 만에 깨달았다. 점유자가 매번 하자 있는 집 뭐 하러 낙찰받았냐는 소리가 무슨 말인지 알 것 같았다. 철통같이 문을 잠그고 오직 자기의 의견만 관철시키려 한 이유도. 집 내부를 보는 순간 일련의 과정들이 퍼즐조각처럼 정교하게 맞아 떨어지는 느낌이었다. 맨 처음 눈에 들어온 거실의 벽면은 마치 짙은 마스카라로 화장을 한 여성이 눈물을 흘리는 것처럼 천장에서부터 흘러내린 누수 자국으로 얼룩져 있었다. 안방에도 그리고 작은방에도 흘러내린 그녀의 마스카라 자국이

고스란히 벽화처럼 남아 있었다.

화장실은 더 가관이었다. 아예 천장에서 물이 뚝뚝 떨어지고 있었다. 윗집이 있는 것도 아니고 어디다 하소연할 때도 없었다. 억장이 무너진다는 말이 딱 알맞은 상황이었다. 점유자는 이런 광경을 보여주고 돈을 요구하기는 힘들 것으로 생각해 일부러 문을 열어주지 않은 것이다. 더더욱 점유자에게 화가 났지만 어쩔 수 없었다.

문제는 옥상이었다. 오래된 건물인데다 방수가 되지 않은 상태였다. 콘크리트 바닥이 군데군데 깨어지고 푸석푸석하게 갈라져 있었다. 배수구 주변도 다 깨져서 배수구의 역할을 못한 지 오래였다. 배수구가 아닌 주변의 깨진 틈으로 물이 흘러들어 갔다. 예상한 것보다 훨씬 심각했다. 또 주민들이 옥상에서 상추며 고추 등 작물을 재배하고 있었다. 그런 화분이 수십 개는 되었다. 보통 큰일이 아니었다. 업자를 부르는 것 말고는 별다른 방법이 없었다. 하지만 천만 원이라는 견적을 받아보는 순간 차선책을 찾을 수밖에 없었다. 주민들에게 이런 식으로 옥상에서 물이 새면 점차 건물 전체로 누수가 발생한다는 점을 알려야 했다. 그렇게 주민의 동의를 받아 십시일반 모금해 옥상을 방수할 계획을 세웠다. 하지만 이것도 결코 쉬운 일이 아니었다. 생판 처음 보는 사람이 낙찰자랍시고 주민들을 만나기 위해 일일이 세대를 방문하는 것이 어디 쉽겠는가. 정말 답답했다. 그러던 중 하자 보수를 위해 빌라 주민들끼리 일정 금액을 모은다는 이야기를 들었다. 희망이 보이는 듯했다.

"돈 얼마 없어요. 여기 전부 영세민들이고 그나마도 노인네들이 대부분이라 장기수선비에 대한 개념들이 없어서 돈이 안 걷혀요. 그리고 멀쩡한 옥상을 뭐 하러 방수를 해요?"

매달 돈을 걷는다는 빌라의 대표 격인 아주머니의 대답이었다. 주민들 동의를 얻기는 힘들고, 천만 원을 들여 공사를 하기는 더더욱 힘들었다. 진퇴양난이었다. 결국엔 직접 할 수밖에 없는 상황이 되고 말았다. 우선 옥상에 있는 작물 화분들을 한쪽으로 치웠다. 화분을 치운 자리는 바닥이 축축하게 젖어 있었다. 주민들이 무더운 여름날이라 물을 자주 주었던 탓이다. 화분을 옮긴 자리를 며칠간 햇볕에 노출시켜 바짝 말렸다. 그리고 들뜬 부분이나 금이 가서 푸석푸석 갈라진 바닥들은 몽땅 망치로 깨서 공사용 마대에 담아 아래층으로 내려놓았다. 승강기가 없는 건물이라 4층을 얼마나 오르내렸는지 다리가 후들거리고 온몸이 쑤셔왔다. 정말 많은 땀을 흘렸다. 며칠에 걸쳐 공사한 보람이 있었던지 제법 옥상이 깨끗해졌다. 방수 작업을 하기 전이었지만 그 자체로도 마음이 뿌듯했다.

먼지 하나 없이 정리된 옥상 바닥에 드디어 방수 페인트를 바르기 시작했다. 방수 페인트는 한 번으로 끝나는 것이 아니므로 작업이 끝나면 완전히 건조를 시키고 다시 그 위에 몇 번 덧칠하는 방식으로 작업해야 했다. 이렇게 여러 번 칠하다보니 나중에는 고무처럼 탄성이 생겼다. 작업이 마무리되고 설레는 마음으로 옥상 바닥에 마음껏 물을 뿌려보았다. 물이 스며들지 않았다. 송글송글 맺혀 있는 물방울들이 고맙기까지 했다. 얼룩져 있던 벽지도 새롭게 도배를 하고 나니 이젠 제법 집다워 보였다. 감격스러운 순간이었다.

하지만 명도 이후에 너무나 많은 시간이 흘러버렸다. 시간은 곧 수익인데, 마음이 급해졌다. 매매를 위해 동네 중개업소를 찾았다. 그런데 이상하게도 너무 비싸다는 둥 거기 별로 안 좋다는 둥 낙찰을 너무 높게 받아 손해볼 거라는 둥 상당히 비협조적이었다. 이 사람들 현장조사 할 때도 그렇게 냉랭하더니만 도대체 이유가 뭘까? 가만히 생각해보니 이 지역에 재개발 이야기가 돌던 때였다. 아마 중개업소도 그 점을 주목하고 입찰에 참가했을 것이고 본인들이 마땅히 받아가야 할 물건을 엉뚱한 내가 받아갔으니 현장조사 때부터 얼마나 얄미웠을까? 그렇다고 이렇게 찬밥 취급하는 것은 참을 수 없었다. 내놓은 물건을 다시 철회하고 아예 다른 동네 중개업소에 매매를 의뢰했다. 채 일주일도 지나지 않아 연락이 왔다. 5,800만 원에 매매가 이뤄졌다.

4,500만 원에 낙찰받아 공사 금액을 제하더라도 제법 괜찮은 수익이 발생했다. 하지만 더 이상 이런 물건은 만나고 싶지 않다. 정말 지루하고 힘든 경험이었다. 물론 많이 배우고 그만큼 내공도 쌓였지만 한 번으로 족하다. 지금도 영화나 드라마에서 여배우들이 눈물 흘릴

때 마스카라가 번지는 것을 보면 401호의 문이 처음 열릴 때와 뜨거웠던 그해 여름 그 옥상이 생각난다.

경매로 가슴 뛰는 삶을 산다

슈퍼맨을 꿈꾼 적 있는가? 중력을 거슬러 붉은 망토 펄럭이며 힘차게 하늘로 날아오르며 위기의 순간에 나타나 악당을 물리치고 사람들을 위험으로부터 구하는 정의의 사나이, 슈퍼맨 말이다. 누구나 한번쯤은 보자기를 망토 삼아 동네 골목을 누비며 뛰어놀던 유년 시절의 경험이 있을 것이다. 과연 영화 속에서만 보던 영웅이 현실에서는 어떤 모습일까?

슈퍼맨이 아니라 슈퍼맨증후군만이 존재하는 현실이 된 지 오래다. 많은 업무와 과제를 무조건 혼자 힘으로 해내야 한다는 생각에 다른 사람과의 협업이나 도움을 거부하고 책임을 도맡아 본인 위주로 업무를 처리하는 사람을 우리는 슈퍼맨증후군이라 부른다. 자신이 해야만 마음이 놓인다. 또 회사와 일심동체로 생각하는 마음이 강해 이 회사가 아니면 인생에 딱히 재미 붙일 만한 것도 없다. 어떡하든 살아남아야 하는 중압감도 크다. 현재 대한민국을 살아가는 월급쟁이들의 자화상이 아닐까.

　평균정년 53세, 평균수명 82세, 퇴직 이후 30여년. 제2의 인생을 설계해야만 하는 시간, 일찍이 '노후老後'라는 개념이 없던 시절 일의 단절과 함께 시작된 제2의 인생길 30여 년이 결코 꽃길일 수만은 없다. 그들에게 일은 단순히 재화를 생산하고 생계를 꾸려나가는 수단을 넘어 사회에 존재를 알리고 현실과 만나는 유일한 연결고리였다. 위험으로부터 사람을 구하고 악당을 물리치는 슈퍼맨의 활약만큼이나 견고하게 존재의 자존감을 지켜주었던 나만의 일, 우리는 점점 그 일과 멀어져가고 있다. 우리나라 인구의 14.3%를 차지하며 714만의 거대한 인구군락을 형성하는 베이비붐 세대들의 본격적인 은퇴는 기, 승, 전, 치킨이라는 신조어를 탄생시키며 너나 할 것 없이 생계형 창업에 뛰어들었다. 치킨집으로 대두되는 생계형 창업은 커피숍, 호프집 등 한 치 앞을 내다볼 수 없는 기로에 서 있다.

　2017년 취업준비생 100만 시대를 넘어 사실상 실업자는 450만을 넘었다는 통계청 발표가 별로 새삼스러울 것도 없는 작금의 시대에 우리는 정말 잘살고 있는 걸까? 이대로 살아도 괜찮은 걸까? 영혼 없는 출퇴근의 반복과 불투명한 노후에 대한 스트레스에서 희망을 찾을 수 있을까?

 가슴 뛰는 삶을 살아야 한다. 쳇바퀴 돌 듯 반복되는 일상 속에서도 얼마든지 가슴 뛰는 삶을 살아갈 수 있다. 실행은 우리가 가진 강력한 무기다. 절대 생각에만 그쳐서는 안 된다. 학습을 하고 멘토를 만나고 또 다른 세상과의 설레는 만남이 있어야 한다. 나는 부동산 경매를 만나면서 매일이 흥분과 설렘의 연속이었다.

 새로운 무언가를 한다는 것은 엄청난 삶의 활력이 되었다. 부동산 경매는 하나의 수단에 불과하다. 무엇이 되었건 최선을 다해 도전해보라. 내 삶이 바뀌는 것을 느낄 것이다. 더 이상은 슈퍼맨일 필요가 없다. 허울 좋은 슈퍼맨이 될 아무런 이유가 없는 것이다. 소중한 것은 좀 더 나와 가까워지는 것, 비로소 내가 내 인생의 주인이 되는 소중한 경험을 해야 한다.

 맨 처음 책을 써야겠다고 마음먹은 2016년, 1년여를 기획하고 집필하면서 정말 가슴 뛰는 삶을 살았다. 그해 여름은 연일 매스컴을 뜨겁게 달굴 정도로 폭염이 기승을 부렸다. 하지만 서울과 대전을 오가며 필요한 교육과 자료 수집에 누구보다 뜨거운 여름을 보냈다. 가족들에겐 미안하지만 주말과 휴가도 모두 반납하였다. 약간의 자투리

시간이 생겨도 관련 서적을 읽는 데 오롯이 시간을 투자하였다. 정말 많은 땀을 흘리며 묵묵히 오랜 시간을 달려왔다.

　찬바람이 불기 시작한 늦은 가을 본격적인 집필에 들어가면서 직장생활과 책 쓰기라는 두 마리 토끼를 잡는다는 것이 얼마나 힘든 일인지 절실히 깨달았다. 하지만 자판을 두드리며 숱한 밤을 뜬눈으로 새웠지만 단 한순간도 후회는 없다. 출간이라는 설렘과 희망이 우선이었다. 무엇도 중단시킬 수 없는 강력한 추진력이 생긴 것이다. 물리적인 시간 확보가 관건이었지만 목표에 다가서기 위해서는 아무런 장애가 되지 않았다. 그 순간만큼은 완벽하게 내 인생의 주인이 되는 시간이었다. 시류에 너무 민감할 필요는 없다. 유행은 돌고 도는 것이고 어차피 그 시대상의 반영일 뿐이다.『차베스, 미국과 맞장 뜨다』의 저자 임승수는 지구 반대편 베네수엘라를 연구할 때 주변 사람들이 하나같이 비웃었다고 한다. 하지만 베네수엘라 혁명연구모임을 꾸리고 수많은 사람들과 같이 학습을 하면서 책으로 쓸 만큼의 콘텐츠가 만들어졌다. 마침 그때 베네수엘라 대통령 차베스가 뉴스에 뜨기 시작하면서 출간되자마자 베스트셀러가 되었다고 한다. 동기는 단순했다. 누가 뭐라고 하든 본인이 베네수엘라라는 나라에 관심이 있었고 그 나라에 대해 알고 싶었단다. 단순한 지적 호기심이 그를 행동하게 했고 결국엔 베스트셀러라는 좋은 결과로 이어졌다.

아직도 당신은 슈퍼맨이라 생각하는가? 혹시 당신이 생각했던 그 슈퍼맨이 슈퍼맨증후군은 아니었을까? 악당을 물리치고 지구를 구하는 일은 진짜 슈퍼맨에게 맡겨두자. 단지 우리는 가슴 뛰는 삶을 살면 된다.

난생처음 부동산 경매

초판 1쇄 인쇄	2017년 7월 1일
초판 1쇄 발행	2017년 7월 8일

지은이	서현관
펴낸이	유진희
펴낸곳	빛과향기
등록번호	제399-2015-000005호
주소	경기도 남양주시 별내면 청학로 114번길 34
전화	031) 840-5964 **팩스** : 031) 842-5964
E-mail	songa7788@naver.com

ISBN 979-11-85584-38-6 13320

저자와의 협약으로 인지는 생략합니다.
파본은 본사나 구입하신 서점에서 교환해 드립니다.

＊한국출판문화산업진흥원 2017년 우수출판콘텐츠 제작 지원 사업 선정작입니다.

독자 여러분의 책에 관한 아이디어나 원고 투고를 설레는 마음으로 기다리고 있습니다.
이메일로 간단한 개요와 취지, 연락처를 보내주세요. 독자님과 함께 하겠습니다.